VICOMTE DE SPOELBERCH DE LOVENJOUL

UN
ROMAN D'AMOUR

PARIS
CALMANN LÉVY, ÉDITEUR
RUE AUBER, 3, ET BOULEVARD DES ITALIENS, 15
A LA LIBRAIRIE NOUVELLE

1896

UN ROMAN D'AMOUR

VICOMTE DE SPOELBERCH DE LOVENJOUL

ÉTUDES BALZACIENNES

UN
ROMAN D'AMOUR

PARIS
CALMANN LÉVY, ÉDITEUR
ANCIENNE MAISON MICHEL LÉVY FRÈRES
3, RUE AUBER, 3

1896

CONTRE L'OISIVETÉ

> L'oisiveté est la mère de tous
> les vices !
>
> ANCIEN PROVERBE.
>
> Alors, pas déjà si oisive, cette
> mère d'innombrables en -
> fants !
>
> OPINION FIN DE SIÈCLE.

L'esprit humain ne peut s'entretenir actif et souple sans un aliment déterminé et permanent. A défaut d'un objectif quelconque conforme à ses aptitudes, celui-ci dût-il même être qualifié de manie, l'intelligence est envahie par la torpeur ; elle se rouille et s'endort. Alors commence pour elle la paralysie morale, plus redoutable encore que la paralysie physique.

Que vienne, par malheur, se greffer sur cette disposition personnelle l'influence héréditaire de plusieurs générations livrées à l'oisiveté, ou, si l'on préfère, vouées à la vie inutile (toujours si occupée), c'est un miracle de voir l'homme échapper à ces diverses fatalités, et qu'à l'heure de la lutte il se trouve en possession d'un cerveau capable de répondre aux légitimes exigences d'un être bien organisé.

Depuis plusieurs siècles, les classes riches n'ont-elles pas trop souvent fait tout ce qu'il était possible de faire pour qu'il en fût ainsi ? Au lieu de pousser leurs enfants au travail, ou seulement à l'occupation réfléchie, les parents n'ont-ils pas presque toujours donné l'exemple de la dissipation et de la frivolité? Quels buts la plupart d'entre eux ont-ils proposés à leurs descendants, hormis la soif des jouissances matérielles, la satisfaction des appétits, la poursuite incessante du plaisir inférieur, et le culte de la vie mondaine ? Par quelles conversations ont-ils éveillé dans ces jeunes esprits l'idée d'un mobile plus élevé, plus digne d'encouragement, que le succès par et pour l'argent, poursuivi sous toutes les formes? Ils sont rares, en effet, ceux d'entre les hommes d'aujourd'hui, nés dans l'aisance, dont le berceau fut gardé par une mère assez supérieure de pensée pour réagir contre ces tendances désastreuses! Nulle somme de reconnaissance ne saurait de leur part égaler un pareil bienfait, car ils lui doivent certainement les plus rares et les plus précieux de tous les secours moraux : la juste appréciation de leur médiocrité relative, et le culte du vrai, précieusement gardé au milieu de l'atmosphère morale absolument faussée où se traîne l'existence de tant de riches. Aussi la plus cruelle punition dont soient frappés les pères, est-elle de retrouver dans leurs enfants, — trop souvent développés et accentués encore par l'hérédité, — les passions et les vices auxquels ils se sont abandonnés eux-mêmes. C'est, ici-bas, pour les parents coupables, le véritable châtiment de Dieu.

Quelles ont été les conséquences d'aussi déplorables exemples, d'aussi funestes enseignements ? Le code de la convention s'est augmenté sans cesse de nouveaux articles, tandis que l'encoura-

gement et presque le droit aux vocations spéciales, à l'individualité, diminuaient chaque jour.
Et jamais, pourtant, le manque de personnalités,
de caractères trempés, de natures fortes, ne s'est
fait sentir davantage !

Absorbée par ses prétendus devoirs, usages et
plaisirs, — presque tous factices ou stériles, —
la société, c'est-à-dire le nombre, a transformé
peu à peu la vie générale de certains milieux en
une sorte de manège, où, de l'enfance à la mort,
l'homme vient tourner à son heure et à son rang
social. Il y occupe une place déterminée entre son
prédécesseur et son successeur, et il serait parfois
for difficile de distinguer les uns des autres ces
parfaits échantillons d'un unique et très défec-
tueux modèle, tous identiques, tous articulés en
perfection, et débitant tous, sans broncher et à
première invitation, le lamentable questionnaire
des salons, demandes ou réponses, à volonté !

Aussi, la vie si creuse, si conventionnelle, si
vide, si banale, et surtout si particulièrement
étroite et bornée, d'un grand nombre de gens de

loisir, de ceux que rien n'intéresse, pas même les œuvres sociales, ou qui n'occupent aucun poste utile, — ceci spécialement dans les petits pays, où beaucoup de carrières, si nobles pourtant, sont dédaignées, — cette vie a-t-elle créé chez la plupart d'entre eux une sorte d'ankylose partielle du cerveau. Sauf pour quelques cases décoratives et secondaires, — parfois les seules entretenues et alimentées depuis des générations, — l'organe ne fonctionne plus guère. Et s'il est vrai, comme certains savants l'affirment, que, pour vivre sur la terre, nos premiers ancêtres soient descendus du haut des dômes de verdure qui les abritaient, beaucoup de leurs héritiers présents seraient bientôt dignes de remonter vers leurs berceaux aériens. Ils y trouveraient un asile plus approprié à leur valeur présente, qu'au milieu de la petite partie cultivée et intelligente du monde contemporain, dont ils se croient cependant la plus incontestable élite!

Quelle responsabilité pour les classes qui

doivent l'exemple, et le doivent à tant de titres, que cette navrante infériorité, rendue plus sensible encore par d'ineffables prétentions! Pourquoi tous les hommes vraiment maîtres de leur direction par leur fortune ou par leur indépendance morale, ne font-ils pas servir les avantages dont ils disposent à la défense, pour eux-mêmes et pour leurs descendants, de cette liberté individuelle, but, et prétexte aussi, depuis le commencement du monde, de presque toutes les discordes humaines? Au lieu d'étouffer, sous une formule à la portée des inintelligences les plus accomplies, tous les côtés personnels, toutes les facultés spéciales, n'est-ce pas dans ces milieux que devraient, au contraire, naître et se développer par l'encouragement soutenu, les vocations particulières, les dons, — ce mot si mal compris, — qui, dans les classes moins favorisées, ne peuvent souvent triompher des obstacles que leur oppose la vie matérielle?

L'orgueil, la vanité, l'arrogance, la morgue, la pose, tels sont, le plus souvent, les principaux *fléaux engendrés par l'argent. Ils annulent sans relâche la bonne et légitime influence qu'il pourrait et devrait exercer. Leurs manifestations permanentes, si grotesques souvent, si puériles toujours, ont plus nui, de notre temps, à l'entente sociale, que tous les autres motifs de désaccord réunis.*

Et pourtant, si l'ambition bien comprise dirigeait les hommes, — puisqu'il en faut, paraît-il, pour les stimuler, — si elle leur donnait d'utiles conseils, au lieu de les pousser, tout au rebours, à des allures inacceptables et à des actes dont le ridicule échappe seulement à ceux qui les commettent, les ambitieux se souviendraient que les plus parfaits courtisans, les plus brillants héros de salons, les plus accomplis diseurs de riens, à peine disparus, sont aussitôt oubliés. Et si cet absurde mobile d'orgueil, qui gouverne tant de gens, prétend néanmoins avoir satisfaction, il en est autrement, rappelons-le, même pour le plus modeste des manœuvres, s'il laisse une trace sérieuse de labeur, par l'application patiente de ses dons. *Si médiocres qu'ils soient, leur emploi crée parfois un jalon, établit tout au moins une étape, et mieux vaut en tout cas ce grain de sable dans l'infini du travail humain, que le néant moral de certaines existences.*

Dans l'espoir d'y échapper, si l'on tente, reconnaissant l'impossibilité de s'élever jusqu'aux sommets, de découvrir dans une science ou dans un art quelconque une voie peu suivie, un sentier inconnu ou mal exploré, on en trouve toujours. Le coin le plus modeste, la partie la plus dédaignée, peuvent être utilisés. Et si même on écarte les sciences, jugées trop fortes ou trop abstraites pour le cerveau des riches (!), la peinture, la musique, la gravure, la sculpture, — pour ne parler que d'elles, — n'offrent-elles pas des ressources assez abondantes et assez variées pour que des esprits libres de se diriger au gré de leurs inclinations, y trouvent l'emploi de leurs aptitudes ou de leurs efforts intelligents? Mais, nous objectera-t-on peut-être, si cette théorie de travail était appliquée, elle ne produirait que des

artistes-amateurs, *cette plaie de tous les temps.
La réponse à faire est toute simple. Il ne faut
pas travailler en* amateur, *mais bien en* ouvrier
de son art, *et certes, on trouverait facilement
quelques trop rares exemples à citer de ce fécond
labeur parmi les personnalités d'aujourd'hui,
qui, vivant dans les hautes sphères de la société,
occupent néanmoins un rang incontesté dans le
groupe des artistes de profession, que ceux-ci
soient graveurs, peintres ou sculpteurs.*

*Quant à la littérature, elle est plus accessible
encore, car ses formes, ses ressources et ses modes
d'action se nomment légion. Aussi, à défaut
d'esprit créateur, ou de puissance inventive, le
chercheur le plus humble peut-il trouver à glaner
dans les sillons d'autrui, et en rapporter parfois
une moisson d'autant plus précieuse qu'elle n'est
pas tombée de sa propre plume. Il passera peut-
être sa vie entière sans que personne autour de
lui s'intéresse à ses recherches. Ni les siens, ni ses
amis les plus chers ne comprendront ses travaux;
tous le railleront sans cesse, sur le temps* perdu

par lui à fouiller les océans sans fond du papier noirci, au lieu de l'employer à courir le lièvre, ou bien à mener, jusqu'à la fin de la vie, dans quelque milieu invraisemblablement inintellectuel au XIXᵉ siècle, l'inexprimable existence des salons et des clubs de petite ville.

Mais, en revanche, quel secours pour sa vie morale ne devra-t-il pas à ses lectures, à ses études? Que de fois ne l'arracheront-elles pas à la douleur, à la désespérance? Pour certains hommes, il peut suffire, en plus d'une occasion, d'une aide de ce genre, pour transformer leur nature et leur éducation. Chez ceux-là, le sentiment de leur peu de mérite naît bientôt après la découverte et la fréquentation des esprits supérieurs. Alors, à leur contact, l'intelligence s'élargit ; l'ignorance, trop souvent inaperçue, se révèle tout entière ; c'est l'heure où les dernières illusions natives s'éteignent en face de tant de beaux génies, de tant d'œuvres consacrées ; c'est l'heure aussi où l'on apprécie pour toujours, à sa juste valeur, sa mince personnalité.

Puis, arrivé au soir de la vie, on découvre quelquefois alors qu'on l'a passée, à plus d'un point de vue, dans des conditions exceptionnellement heureuses, grâce à de prétendues manies, à des goûts véritables, autour de soi souvent très attaqués, très décriés, très ridiculisés même, et qui, par leur culture persévérante et prolongée, sont parvenus au rang de connaissances spéciales. Enfin, ce qui vaut bien mieux encore, ces occupations sont parfois devenues un soutien sans égal, dans toutes les épreuves que la destinée épargne d'autant moins peut-être aux travailleurs, que, sans s'en douter eux-mêmes, ils sont plus efficacement armés pour les supporter.

Il n'est pas défendu, d'ailleurs, d'aspirer au chef-d'œuvre, même avec la conviction de n'y jamais atteindre, d'autant plus que, de nos temps surtout, les salons n'en produisent guère. C'est dans les greniers, dans les taudis sans pain et sans feu, qu'ils éclosent le plus souvent. C'est la revanche des mansardes sur les palais, revanche légitime, celle-là, puisqu'elle est le prix *de la souffrance, de l'effort, du courage et de la volonté. Seuls, ceux qui ont connu la lutte, peuvent apprécier combien ici bas, malgré tant d'apparences contraires, là encore l'éternelle justice récompense souvent avec équité.*

L'incertitude même du succès ne serait pas une raison, du reste, pour ne point entreprendre une œuvre quelconque, dans la mesure de ses forces et de ses moyens. Sans prétendre à l'immortalité, à la célébrité, ni même à la notoriété, on peut, on doit développer ses aptitudes, et, s'il le faut, rouvrir une à une les cases de son cerveau, à demi paralysées par le défaut d'usage. C'est un emploi du temps qui vaut bien une partie de chasse, une partie d'écarté, une partie carrée, et même une journée passée aux courses, ces dernières par malheur destinées seulement à favoriser le perfectionnement de la race chevaline. Par rapport à certains produits de la race humaine, il serait grand temps de chercher un moyen de relèvement analogue à celui qu'on emploie si patiemment pour les chevaux, car les

premiers le méritent au moins autant, et semblent en avoir encore plus besoin, la majorité
des hommes s'entendant pour leur nuire, et
presque personne n'apparaissant pour essayer de
les améliorer.

19 novembre 1892.

I

UN ROMAN D'AMOUR

COMMENT HONORÉ DE BALZAC CONNUT MADAME HANSKA

I

Le 28 février 1832 fut peut-être le jour dont la trace s'imprima le plus profondément dans l'existence dévorante de Balzac.

Mais avant d'aborder le récit d'un des épisodes les plus inconnus de sa vie, il nous faut jeter un coup d'œil sur sa situation, à la date que nous venons d'indiquer.

Après de longues années de luttes, d'échecs de tous genres et de tentatives de toutes sortes pour conquérir sa place au soleil et se faire un nom, l'écrivain goûtait enfin, depuis bientôt deux ans, les joies du succès, tout en rêvant d'obtenir le triomphe complet. Mais celui-là devait toujours lui faire défaut, et son tombeau seul obtint ce rayon de gloire qu'il a si bien nommé lui-même : « le soleil des morts ! »

Comme toutes les aurores, l'éveil de la chance, les premières caresses de la fortune, sont doués d'une puissance de séduction et de charme que la renommée la mieux établie ne ramène jamais. Aussi Balzac, si longtemps raillé et dédaigné, savourait-il plus que personne ces tardifs sourires de la destinée. Sa vanité lui rapportait enfin autre chose que des blessures et des rancœurs, et l'immense orgueil de son œuvre, dont il fut toujours dévoré, se manifestait chez lui plus naïf et plus absorbant que jamais.

Si *le Dernier Chouan (les Chouans)* avait déjà attiré sur lui l'attention de la critique et du public, l'apparition de la *Physiologie du mariage* fut en réalité le premier jalon

sérieux de ce changement de fortune. Parue
en décembre 1829, sans nom d'auteur, elle
avait soulevé des discussions passionnées.
L'œuvre n'était pas faite, il faut l'avouer,
pour attirer à Balzac l'approbation et l'appui
des femmes, une des choses qu'il préconise
pourtant le plus souvent dans ses livres. Le
cynisme de la pensée y est à peine voilé sous
une forme presque constamment ironique.
Deux femmes cependant, toutes deux âgées
déjà en 1829, madame Hamelin et madame
Sophie Gay, passent pour avoir inspiré cet
ouvrage, et même pour en avoir dicté en
quelque sorte les anecdotes les moins flat-
teuses pour leur sexe.

II

Il y eut donc une levée de boucliers, ce
qui ne nuisit en rien au succès du livre ni
à sa vente. Alors, pour ramener à lui ce
public féminin qui devait être désormais le
meilleur défenseur de ses écrits, Balzac
s'empressa de publier les *Scènes de la vie
privée*, l'ouvrage le plus pur peut-être d'inspiration, et presque toujours le plus chaste
de forme, qui soit sorti de sa plume. Il ne
s'agit pas, bien entendu, des *Scènes de la vie
privée*, telles que *la Comédie humaine* les ren-

ferme aujourd'hui. En effet, les deux volumes, parus en avril 1830, sous le titre qu'il donna plus tard à tout le premier livre de ses *Études de mœurs*, contenaient seulement *la Vendetta*, *les Dangers de l'inconduite*, *le Bal de Sceaux* ou *le Pair de France*, *Gloire et Malheur*, *la Femme vertueuse* et *la Paix du ménage*.

Cette fois, les femmes furent conquises sur-le-champ. Aucun écrivain n'avait rendu jusqu'alors avec cette délicate perfection certaines nuances de sentiments exclusivement féminins, et cela, quatre mois seulement après avoir publié une œuvre que la plupart de ses lectrices traitaient de pamphlet.

Le succès des *Scènes de la vie privée* décida peut-être de l'avenir de Balzac, car il vit affluer dès lors, de la part des directeurs de journaux et de revues, les demandes de collaboration. Ses pressants et éternels besoins d'argent l'obligèrent à exploiter immédiatement ce succès, en acceptant toutes les propositions, qu'elles lui vinssent des défenseurs ou des adversaires de ses propres opinions. On le vit donc donner sa prose aux publications les plus diverses et les plus opposées. Monarchiste à *la Mode*, satirique impitoyable de la royauté à *la Caricature*, critique de mœurs à *la Silhouette*, il trouvait encore moyen de se créer une quatrième incarnation dans les *Lettres sur Paris*, qu'il insérait sans les signer dans *le Voleur*. Pendant ce temps, il écrivait, en outre, de nombreuses pages pour la *Revue de Paris*, tout en travaillant enfin à *la Peau de chagrin*, qu'il fit paraître en août 1831.

Cette dernière composition, encore une fois si différente de ses aînées, causa une surprise non moins vive, et fut de nouveau passionnément attaquée et défendue. Balzac ne s'en plaignit pas, car, grâce à ces violentes discussions, il vit grandir rapidement son nom et sa renommée. Mais c'est à par-

tir de cette époque que la critique presque
tout entière s'acharna contre lui, et ce parti
pris, dont il s'était d'abord peu soucié,
finit par lui causer des amertumes et des
blessures sans nombre.

III

Il y avait alors dans l'Europe entière une élite intellectuelle féminine dont il n'existe plus guère d'équivalent aujourd'hui. Depuis cette époque, tout tendit à la faire disparaître de la société, et la vie moderne, sans culture, sans loisirs, sans autres objectifs que des buts matériels, n'y a que trop bien réussi.

En Russie surtout, dans cette France du Nord où le culte de la langue et des arts français s'était, plus que partout ailleurs, conservé intact, les ouvrages de Balzac

éveillèrent d'ardentes sympathies et de vives
curiosités. Combien de grandes dames désœu-
vrées, vivant loin du monde, au fond de leurs
immenses terres, dans ces splendides châteaux princiers d'Ukraine ou de Volhynie,
éloignées par la distance de tout commerce
humain, combien d'entre elles ont trouvé
dans ces premières œuvres du grand romancier un secours moral, et presque une con-
solation ! En France, d'ailleurs, l'impression fut la même, et plus d'une lectrice,
poussée par l'intérêt que lui inspirait l'auteur de ces livres si neufs et si variés, lui
écrivit mystérieusement et l'interrogea sans
scrupule, en se cachant sous un masque
plus ou moins bien attaché. La marquise de
Castries fut ainsi l'une des premières corres-
pondantes anonymes de Balzac, dont la réponse, imprimée aujourd'hui dans sa *Correspondance*, fait comprendre sans peine de
quelle nature étaient les questions qui lui
avaient été posées. Madame de Castries, du

reste, ne tarda pas à se faire connaître, et ses relations avec le jeune écrivain continuèrent désormais au grand jour.

Il n'en pouvait être de même pour une admiratrice presque toujours confinée au fond de l'Ukraine dans le château de son mari, et privée de tout moyen d'envoyer secrètement une lettre en France.

Or, telle était, en 1831, la situation de celle qui, dix-neuf ans après, devait épouser Balzac, arrivé à la période finale de la maladie qui l'emporta quatre mois après, et, par ce tardif mariage, lui apporter le dernier bonheur de sa vie.

IV

Descendante d'une des grandes familles de la Pologne, la comtesse Eveline (dite Ève) Rzewuska vint au monde au château de ses parents, nommé Pohrebyszcze [1], dans le gouvernement de Kiew, selon les uns le 25 décembre 1803/6 janvier 1804, et selon les autres deux ans plus tard, le 25 décembre 1805/6 janvier 1806. Balzac étant né, comme on sait, le 20 mai 1799,

1. Prononcez Pohrébyschtché.

elle avait donc trois ou cinq ans et quelques mois de moins que lui. Au reste, par suite de cette différence de douze jours existant entre le calendrier russe et le calendrier grégorien, madame Hanska put toujours très facilement se rajeunir d'un an, selon qu'elle choisissait pour date de sa naissance le 25 décembre d'une année ou le 6 janvier de la suivante.

Elle fut élevée au milieu d'une famille nombreuse, composée de trois sœurs et de trois frères, qui, presque tous, jouèrent un rôle marquant soit en Russie, soit même en France[1].

Ainsi Caroline, la plus connue des sœurs de madame Hanska, après s'être appelée successivement madame Sobanski et madame Schirkoff, se remaria, pour la troi-

---

[1]. Bien que puisés aux sources les plus autorisées, les renseignements recueillis ici, et dans la suite de ce travail, sur l'ensemble de la famille de madame Hanska, sont-ils tous d'une exactitude parfaite? Nous l'espérons, sans oser l'affirmer absolument.

sième fois, avec M. Jules Lacroix, le traducteur de Sophocle et de Shakespeare. Certaines personnes affirment même qu'elle se maria quatre fois, et que ce quatrième mari fut le général de Witt.

La seconde, Pauline, épousa le général baron Jean Riznitch. Elle habitait, à une distance relativement rapprochée, — vu l'étendue du pays, — de la propriété de M. de Hanski, dont la femme voisina souvent avec elle par la suite. L'une de ses deux filles, la comtesse Keller, célèbre, sous le second Empire, par son esprit et sa beauté, épousa ensuite le marquis de Saint-Yves. Elle est morte récemment. L'autre, belle et spirituelle comme sa sœur, épousa le comte Ciechanowiecki, en 1863 maréchal de la noblesse, en Pologne, alors que son beau-père y était ministre de l'Intérieur. La comtesse Ciechanowiecka est morte il y a douze ou quinze ans, ayant été moins connue à Paris qu'à Saint-Pétersbourg.

La troisième enfin, madame Stanislas Moniusko (Alexandrine, dite Aline), a laissé deux filles, mesdames Vankowicz et Martini.

Des trois frères de madame Hanska, les comtes Henri, Ernest et Adam Rzewuski, le premier fut l'un des écrivains les plus ingénieux et les plus populaires de la Pologne ; il eut deux filles : la comtesse Czapska et madame Kiecierzka. L'une des filles de la comtesse Czapska, madame Kolemine, épousa morganatiquement, sous le nom de comtesse de Romrod, le grand-duc régnant Louis de Hesse.

Le second s'éteignit avec le grade de colonel en retraite.

Le troisième, général en chef et aide de camp de l'empereur de Russie, mourut propriétaire du château de Wierzchownia, — où Balzac avait passé tant de mois, — en laissant plusieurs enfants, parmi lesquels nous citerons la princesse Guillaume Radziwill, qui publia plusieurs romans à Paris sous le pseudonyme d'*Une grande dame russe*, et le comte Stanislas Rzewuski, bien connu de tous les lecteurs pour ses remarquables travaux littéraires français et polonais. On n'a pas oublié, entre autres, sa *Faustine*, ce beau drame si remarquablement joué à la Porte-Saint-Martin par madame Jane Hading. Ce neveu par alliance de Balzac lui fait vraiment honneur. Ses frères, les comtes Léonce et Adam Rzewuski, sont tous deux officiers dans l'armée russe.

V

Des revers de fortune forcèrent les parents
de la jeune Ève à chercher avant tout pour
elle un parti riche, qu'ils trouvèrent en la
personne de M. Venceslas de Hanski.
Celui-ci l'épousa, en 1818 selon les uns,
en 1822 selon les autres, ne lui apportant
guère, il faut en convenir, d'autre avantage que cette richesse. Plus âgé que sa
femme de vingt-cinq ans au moins, — il
était né en 1778, — et assez peu sociable,
bien qu'ayant été élevé à Vienne, dans une

des sociétés les plus raffinées de l'époque,
M. de Hanski passait la plus grande partie
de sa vie dans son château de Wierzchownia, en Ukraine, — dépendant du gouvernement de Kiew, — au milieu de ses immenses
champs de blé, dont la prodigieuse fertilité,
par suite de l'absence de routes et de dé-
bouchés, demeurait presque sans profit.

Rappelons ici, à titre de curiosité, qu'en
1834, Balzac, enchanté, comme toujours, de
transporter dans ses fictions un souvenir ou
une trace de la réalité, s'empressa, dès qu'il
connut ce nom de Wierzchownia, d'en baptiser le gentilhomme polonais au service de
la France, qu'il met en scène dans son beau
livre : *la Recherche de l'Absolu*. Logé pour
une nuit chez Balthasar Claës, à Douai,
M. de Wierzchownia lui explique sa propre
théorie de l'absolu, et devient ainsi la cause
involontaire de tous les malheurs qui frappent par la suite la famille entière de l'in-
venteur français.

Balzac, d'autre part, avait déjà, dès 1833, dans le *Médecin de campagne*, donné le nom d'Évelina à l'héroïne du drame dont les conséquences décident M. Benassis à quitter le monde pour se retirer dans un pauvre village, où il devient le bienfaiteur des habitants.

De 1824 à 1831, plusieurs grossesses successives n'apportèrent à madame Hanska, — son nom est presque partout cité de cette façon, bien que, comme on le verra, son mari signât ses lettres : Venceslas *de* Hanski, — qu'un surcroît de chagrins, car de cinq enfants nés à peu d'intervalle pendant une dizaine d'années, elle n'en conserva qu'un seul, une fille, qui reçut le nom d'Anna, les quatre autres, dont trois garçons, étant morts en bas âge. La jeune mère reporta dès lors toutes ses affections sur l'unique et dernière héritière des biens de M. de Hanski. Sans la quitter un seul jour depuis l'heure de sa naissance jusqu'à celle de son mariage avec

le comte Georges Mniszech, le 13 octobre 1846,
elle prodigua sans relâche à cette enfant
chérie les témoignages de la plus ardente
tendresse maternelle.

Belle, intelligente, cultivée, remarquablement douée au point de vue littéraire,
la comtesse Ève, ainsi qu'on ne cessa pas de
la nommer après son mariage, chercha et
trouva dans la lecture une ressource suprême contre l'ennui de son intérieur
morose et vide.

On conçoit sans peine l'impression que
les premiers écrits de Balzac purent produire sur cette âme passionnée, sur cette
imagination sans aliment.

Du *Dernier Chouan* à *la Peau de chagrin*,
elle dévora tout avec une ardeur croissante.
Mais ce dernier récit, malgré son vif attrait
et sa puissance de séduction, ne lui sembla
pas être l'œuvre espérée par elle après les
Scènes de la vie privée. Élevée, comme la
plupart de ses compatriotes, dans des senti-

ments religieux d'une grande exaltation, elle avait rêvé comme suite à ces pages charmantes une série de compositions d'une délicatesse plus pénétrante encore, et empreintes de ce mysticisme poétique dont la plupart des femmes de sa race sont en quelque sorte imprégnées.

Cet espoir ayant été déçu, le mécompte qui s'ensuivit laissa une trace si profonde dans sa pensée qu'elle songea bientôt à en instruire Balzac lui-même.

VI

Mais comment, du fond de son désert, exécuter ce projet sans éveiller l'attention et les susceptibilités de son entourage ? Si nos inductions ne nous trompent point, madame Hanska y parvint grâce à l'institutrice de sa fille, mademoiselle Henriette Borel, originaire de Neuchâtel, en Suisse, où Balzac et sa correspondante devaient se rencontrer plus tard pour la première fois. Mademoiselle Borel lui servit sans doute de secrétaire, écrivit de sa main la lettre destinée au grand écrivain et se chargea de la faire partir pour la France. Tout nous fait croire du moins à l'exactitude de cette hypothèse [1].

Néanmoins, il se pourrait aussi que cette première missive eût été écrite par une parente de madame Hanska, mademoiselle Denise Wylezynska, installée pendant de longues années, ainsi que sa sœur Séverine, chez les châtelains de Wierzchownia. De la

---

1. Nous extrayons les détails suivants relatifs à mademoiselle Borel d'un intéressant travail de M. A. Bachelin, intitulé : *Balzac à Neuchâtel* ; il a paru dans le *Musée Neuchâtelois*, année 1883-1884 :

« Depuis 1824, elle (madame Hanska) avait comme institutrice de ses enfants mademoiselle Henriette Borel, notre compatriote.

» Mademoiselle Henriette Borel joignait à une intelligence vive et enthousiaste une instruction distinguée. Ces qualités et l'affection qu'elle vouait à ses élèves lui concilièrent les sympathies et, plus tard, l'amitié de toute la famille Hanski. La mort en avait frappé plusieurs enfants. Mademoiselle Borel fut atteinte de ce deuil autant que le père et la mère. Et, quelque temps après, lorsque mademoiselle Anna [de Hanska] tomba malade, elle lui donna ses soins avec une sollicitude maternelle qui aida puissamment à sa guérison. La convalescente paya son retour à la vie par une touchante reconnaissance, et, à partir de ce moment, l'institutrice et l'élève devinrent inséparables. »

sorte s'expliquerait la dédicace : *A D[enise]
W[ylezynska]* placée par Balzac (ou par sa
veuve ?) en tête de la dernière édition de *la
Grenadière*, dédicace tracée au crayon rouge,
et faisant partie des corrections posthumes
et manuscrites de l'exemplaire personnel de
la Comédie humaine provenant du maître.
Elle y remplace le précédent envoi : *A Caroline*, adressé en réalité à madame Marbouty
(Claire Brunne), ainsi que nous l'avons
raconté ailleurs [1].

Disons incidemment que la famille Wyle-
zynski se composait d'un frère, appelé
Thaddée, mort en 1844, et de six sœurs.
Nous en avons déjà nommé deux : Denise,
morte en 1883, et Séverine, morte en octobre 1889. La troisième, madame Abra-
mowcz, portait le nom de Marie; la quatrième, celui de Constance; elle mourut en
1879; la cinquième, s'appelait Pauline, et

---

1. Voir le volume intitulé : *Autour de Honoré de Balzac.*

la sixième, Octavie. Cette dernière épousa le baron de Lowenthal. Ses deux filles sont bien connues de la société parisienne : l'une est aujourd'hui la duchesse douairière Decazes, et l'autre la marquise de Beauvoir.

VII

La lettre en question, signée : *l'Étrangère*,
et portant le cachet de la poste d'Odessa, fut
donc adressée à Balzac chez l'éditeur de *la
Peau de chagrin*, le libraire Gosselin, à Paris.
En l'y trouvant, précisément à cette date du
28 février 1832 dont nous avons parlé pré-
cédemment, le grand écrivain ne se doutait
guère de l'influence que le contenu de cette
frêle enveloppe allait exercer sur sa destinée,
ni de la place que cette petite feuille de
papier, — si semblable en apparence au flot

de correspondances oiseuses dont sont accablés tous les favoris de la célébrité, — allait désormais tenir dans sa vie !

Ce premier témoignage d'un intérêt qui devait bientôt changer de nature, n'a malheureusement pas été retrouvé jusqu'ici. Peut-être cette page a-t-elle péri, en 1847, dans l'autodafé qu'à la suite d'une aventure dramatique Balzac exécuta de toutes les lettres qu'il avait reçues de madame Hanska ; peut-être aussi, à force de la relire, l'a-t-il usée et détruite involontairement lui-même. Nous ne savons. En tout cas, nous ne l'avons pas découverte dans la partie de ses papiers tombée entre nos mains. Nous le regrettons vivement, car cette lettre devait être bien remarquable pour avoir produit une si vive impression sur le futur auteur de *la Comédie humaine*.

Il paraît qu'après lui avoir décerné des éloges enthousiastes à propos des *Scènes de la vie privée*, l'*Étrangère* lui faisait le reproche

d'oublier, dans *la Peau de chagrin*, ce qui
avait fait le succès de son œuvre précédente,
c'est-à-dire la délicatesse des sentiments, les
nuances raffinées de ses caractères de femmes,
et d'ébranler ainsi le piédestal sur lequel il
les plaçait sans cesse dans ces *Scènes*. Elle le
conjurait ensuite de revenir aux sources les
plus élevées de ses inspirations antérieures,
en renonçant aux peintures ironiques ou
sceptiques qui ont pour point de départ
l'abaissement de la femme, ou la négation
du rôle noble et pur qui lui appartient, lorsqu'elle comprend la mission que le ciel l'a
chargée de remplir sur la terre.

Balzac demeura longtemps préoccupé de
ces conseils, et surtout de celle qui les lui
adressait. Alors qu'il était prêt à publier
chez Gosselin le premier volume des *Contes
drôlatiques*, dont l'impression fut terminée
en mars 1832, la coïncidence de la mise en
vente d'une œuvre si rabelaisienne avec la
réception d'avis d'une nature aussi différente

lui causa quelque ennui. Cette nouvelle pro-
duction, il le sentait bien, ne pouvait plaire
à sa correspondante, dont l'incognito, si sévè-
rement gardé, ne lui donnait aucun moyen
de s'expliquer, de se défendre peut-être, ni
de répondre en tout cas à une preuve d'intérêt si sincère et si désintéressé. Pourtant,
son ardent désir d'apprendre à sa lointaine
lectrice l'arrivée et la réception de sa lettre
lui fit trouver, pour l'en instruire, un moyen
dont nous parlerons plus loin, moyen d'une
excessive ingéniosité, bien que demeuré sans
résultat.

Malgré ses habitudes d'extrême prudence et
de silence absolu en de semblables occasions,
Balzac ne put cette fois s'empêcher de raconter le fait, et de montrer à quelques-uns
de ses amis (entre autres à madame Zulma
Carraud) cette lettre qui, venant de si loin,
chatouillait délicieusement son insatiable
amour-propre d'auteur.

Mais ceux-ci, après une période d'exubérante expansion, le virent se renfermer subitement dans une discrétion complète, à propos de son admiratrice du Nord. Il reprit tout à coup à son égard le mutisme qui lui était habituel dès qu'il s'agissait de personnalités féminines, et redevint aussi circonspect que, sous l'influence de l'éloignement de sa conseillère, et de l'impossibilité pour personne d'arriver à la découvrir, il avait été d'abord expansif.

Ce changement d'allures était né de ce fait qu'une nouvelle lettre, ayant la même origine et envoyée par la même voie, lui était récemment parvenue.

Combien de lettres Balzac reçut-il ainsi? Nul ne le sait. Mais nous en possédons deux qui, ni l'une ni l'autre, ne sont écrites de la main de madame Hanska. La première, il faut l'avouer, ne nous semble guère justifier l'impression causée sur l'esprit du maître par celle dont le texte est perdu. Formulée dans un style passablement nuageux, rien n'y indique même qu'il s'agisse d'une correspondance déjà commencée. Une seule chose, on le remarquera, est habilement dénaturée par l'auteur : le cadre et les conditions réelles de son existence. La suivante, beaucoup plus précise, semble provenir d'une inspiration différente, et si leur sens, leur papier et leur écriture n'indiquaient formellement leur commune origine, on pourrait presque les croire rédigées par deux personnes étrangères l'une à l'autre.

VIII

Voici la première. Sa date seule permet
de supposer que depuis le 28 février 1832
d'autres lettres provenant de la même source
avaient dû parvenir à Balzac :

» Le 7 novembre 1832.

» Monsieur,

» Étrangère, il ne serait pas étonnant que
je me servisse d'expressions qui vous parus-
sent peu françaises, mais il me faut vous
écrire, vous peindre avec l'enthousiasme

dont je suis susceptible les sentiments profonds que me font éprouver vos ouvrages.

» Votre âme a des siècles, Monsieur; sa conception philosophique semble appartenir à une étude longue et consommée par le temps; cependant, vous êtes jeune encore, m'a-t-on assuré. Je voudrais vous connaître et crois n'en avoir pas besoin : un instinct d'âme me fait pressentir votre être; je me le figure à ma manière, et je dirais : *le voilà*, si je vous voyais.

» Votre extérieur ne doit point faire pressentir votre brûlante imagination; il faut vous animer, il faut qu'il se réveille en vous le feu sacré du génie, qui, alors, vous fait paraître ce que vous êtes, et vous êtes ce que je sens : un homme supérieur dans la connaissance du cœur de l'homme.

» En lisant vos ouvrages, mon cœur a tressailli; vous élevez la femme à sa juste dignité; l'amour chez elle est une vertu céleste, une émanation divine; j'admire en vous cette admirable sensibilité d'âme qui vous l'a fait deviner.

» Vous devez aimer et l'être; l'union des anges doit être votre partage; vos âmes doivent avoir des félicités inconnues; l'*Étrangère* vous aime tous deux, et veut être votre amie; elle aussi sut aimer, mais c'est tout. Oh! vous me comprendrez!...

» Votre carrière est brillante, semée de fleurs suaves et embaumées; vous devez être heureux et le serez toujours.

» Au moment où je lus vos ouvrages, je m'identifiai à vous, à votre génie; votre âme me parut lumineuse, je vous suivis pas à pas, fière des éloges qu'on vous prodiguait, ou remplie de pleurs lorsque la critique amère versait sur vous son fiel empoisonné. Plusieurs choses cependant m'ont paru justes et, malgré ma prédilection pour vous, j'ai tremblé.

» Je voudrais vous dévoiler toute la sincérité de mon attachement pour vous, et vous le montrer en vous disant la vérité *nue*.

La *vérité*, la voudrez-vous d'un être inconnu, mais qui vous aime, vous le dit et peut vous le dire ?

» Votre génie me semble sublime, mais il faut qu'il devienne divin ; la vérité seule doit vous y conduire ; je vous vois d'âme et vous pressens de même ; voilà mon seul talent ! Il peut tout ; pur, colossal, sa source est divine, sa vérité sacrée. Je voudrais vous en entourer, et que vous vécussiez, sans fautes, au milieu de toutes celles qui doivent environner votre personne, votre talent, votre génie !

» Pour vous, je suis l'*Étrangère*, et la serai toute ma vie ; vous ne me connaîtrez jamais !...

» Pour moi, je crois pressentir votre âme, avec toutes ses émanations célestes, qu'à votre insu, vous laissez percer dans vos ouvrages. Vous sentez l'amour, le dépeignez avec une âme d'ange. Oh ! si vous étudiez bien l'enthousiasme sacré qui vous anime, vous devez arriver à créer des pages qui passeront à la postérité, et porteront une grande lumière sur le possible du bonheur réel de l'homme !

» Je désire vous écrire quelquefois, vous soumettre mes pensées, mes réflexions ; ne me voyez point comme un être fanatique, enthousiaste d'idées exaltées ; non, je suis simple et vraie, mais timide et craintive ; je parais si peu, qu'à peine si on fait attention à moi ; je n'ai de force, d'énergie, de courage, que pour ce qui me paraît s'allier au sentiment qui m'anime : l'amour ! Je sus aimer, et j'aime encore ; nul n'a pu comprendre l'âme de feu qui embrasait tout mon être ; vous me comprendrez, vous ; vous sentirez comme moi que je devais aimer une fois, une seule fois, et si je n'étais pas comprise, végéter et mourir !... J'ai donné mon cœur, mon âme, et je suis seule !... Ma vie aura été un rêve douloureux d'espérance trompée, et cependant je ne voudrais pas perdre le souvenir d'un tel amour ! C'est l'idée fantasmagorique du pouvoir éternel,

qui peut tout, enfante tout, croit tout, vivifie
tout ; c'est plus que je ne peux décrire, c'est
rêver Dieu, le comprendre !

» Vos écrits m'ont pénétrée d'un sentiment d'enthousiasme profond ; vous êtes un
météore lumineux qui doit donner le mouvement et la vie à un sens nouveau, mais gar-
dez-vous des écueils !... Ils vous entourent, je
le sens !... Je n'ai ni talent, ni génie, mais un
sentiment profond de vérité m'anime. J'ai que
je voudrais être un ange de lumière et vous
garantir de toute erreur ; j'ai que le feu de
votre intelligence m'anime ; je ne peux ni le
décrire, ni le peindre comme vous en traits
brûlants, mais mon être le respire, et vou-
drait vous voir arriver sans tache au bout
d'une carrière qui me présente une émanation
plus près de Dieu que des autres hommes.

» Vous avez, en peu de mots, tout mon
être ; j'admire votre talent, je rends hommage
à votre âme; je voudrais être votre sœur !...

» Mes jugements sur vous pourraient vous

montrer des erreurs, mais jamais de faus-
seté ni de mensonges ; je suis de toute âme
et n'ai qu'une vertu : *aimer*, et j'aime pour
l'éternité !...

» Que de fois j'ai désiré me voir près de
vous, lorsque ces pensées profondes que vous
dépeignez si bien vous animaient seul, dans le
silence, avec votre propre pouvoir, seul avec
votre brillante imagination, pouvant compter
chaque pensée comme un prodige de force
morale, de prévision presque surnaturelle, et
qui cependant nous font si bien pressentir que
l'homme peut tout embrasser, tout approfondir. Chaque nuit enfantant une pensée
nouvelle, lorsque tout dort autour de vous,
votre génie veille pour nous apporter cette surabondance de force, d'harmonie et d'amour.

» A mille lieues de vous, je vous vois
ainsi ; je crois vivre de votre vie, de vos pensées, mais je ne sais que les sentir, non les
dépeindre. Je voudrais raisonner avec vous
vos ouvrages, exalter avec vous, et vous seul,

mon enthousiasme ou ma critique ; avec vous seul, et pour vous seul, être votre justice, votre morale, votre conscience.

» Une vérité éternelle m'anime, je le sens ; elle m'enflamme : vous seul pouvez la comprendre et décrire ces battements d'amour pur, sacrés, qui me font aimer pour vivre, et vivre pour aimer ; qui, avec un enthousiasme calme et résigné, me font envisager un avenir que je sens qui sera bonheur et joie pour l'homme s'il peut saisir cette étincelle électrique, qui me semble vérité éternelle, et qui unissant la nature, l'amour, la vérité, doit révéler à l'homme son harmonique existence, et lui dire : *Voilà ce que tu es, vois ce que tu dois être !*

» Un mot de vous, dans *la Quotidienne*, me donnera l'assurance que vous avez reçu ma lettre et que je puis vous écrire sans crainte. Signez-le : *A l'E—h. B.*

» L'ÉTRANGÈRE. »

IX

On voit que, désormais, en vraie fille d'Ève,
sa patronne, madame Hanska voulait aussi
satisfaire sa curiosité. Non contente d'envoyer
seulement ses lettres, elle mourait d'envie
d'obtenir en retour, sans que personne en
sût rien, un témoignage direct de leur réception par l'écrivain. Le moyen qu'elle avait
trouvé n'était certes pas banal à cette époque,
et la belle étrangère inaugurait là, sans s'en
douter, le système, aujourd'hui si répandu,
des petites correspondances par les journaux

Cette fois Balzac tenait un fil, bien ténu et bien fragile, il est vrai. Mais enfin, si mince qu'il fût, c'était un point de repère, et il n'était pas homme à n'en point tirer bon parti. En relations journalières avec le monde de la presse et des directeurs de journaux, il s'empressa de se rendre à *la Quotidienne* et d'y faire insérer l'avis suivant, que nous avons eu la bonne fortune d'y retrouver, imprimé comme dernier *fait divers*, dans le numéro du 9 décembre 1832, et dont nous reproduisons le fac-similé :

« M. de B. a reçu l'envoi qui lui a été » fait; il n'a pu qu'aujourd'hui en donner » avis par la voie de ce journal, et regrette » de ne pas savoir où adresser sa réponse.

» A l'E. — h. de B. »

— M. de B. a reçu l'envoi qui lui a été fait, il n'a pu qu'aujourd'hui en donner avis par la voie de ce journal, et regrette de ne pas savoir où adresser sa réponse.   A l'E—h de B.

Fac-similé du texte de *la Quotidienne*.

A cette époque, *la Quotidienne* était à peu près le seul journal français dont l'entrée fût toujours autorisée en Russie. Aussi madame Hanska attendit-elle avec une impatience facile à concevoir l'arrivée du numéro qui devait combler ses vœux. Sous une signature mystérieuse, — en réalité l'abrégé de ces mots : *A l'Étrangère, Honoré de Balzac*, — au plus profond de son inabordable solitude, et malgré les jaloux, la jeune femme reçut ainsi pour elle seule un mot ému, tombé d'une plume chaque jour plus célèbre, et qui, dans sa prudente discrétion, semblait implorer un autre moyen de relations.

Il est curieux d'étudier, dans sa *Correspondance* imprimée, avec quel soin Balzac recommanda dès lors à ses éditeurs de faire insérer dans *la Quotidienne* les annonces et les réclames relatives à ses ouvrages, sachant qu'elles passeraient ainsi sous les yeux de sa lectrice[1].

1. Voir notamment la lettre adressée à **M.** Gosselin, portant le numéro 98, dans cette *Correspondance*.

Un épisode, dont les détails demeurent malheureusement inconnus, se produisit vers ce moment dans cette histoire d'amour. Tous ceux qui ont lu les œuvres de Balzac, tous ceux surtout qui ont été impressionnés par son *Louis Lambert* et sa *Séraphita* [1], savent combien le grand évocateur croyait à la mystérieuse action de la pensée, exerçant ses effets malgré l'éloignement et l'espace. Au point de vue scientifique, la suggestion et le magnétisme trouvèrent en lui l'un de leurs premiers adeptes. Sa prescience devança, sur ce point comme sur tant d'autres, non seulement ses contemporains immédiats, mais encore leurs successeurs. On peut donc s'imaginer de quelle émotion il fut saisi en présence de l'envoi, anonyme naturellement, fait par madame Hanska, d'une *Imitation de Jésus-Christ*, reliée en maroquin vert, qui, du fond de l'Ukraine sans doute, ou peut-

1. *Séraphita*, on le sait, contient une dédicace à madame Hanska, datée du 23 août 1835.

3.

être de Vienne, vint tomber entre ses mains, à l'heure même où l'idée du *Mélecin de campagne* commençait à prendre corps sous sa plume.

Cette rencontre de deux pensées qui, à une telle distance l'une de l'autre, se portaient en même temps, pour chacune d'elles, sur les côtés les plus élevés de l'âme, frappa de plus en plus Balzac et augmenta encore son désir de connaître son insaisissable correspondante.

X

Cette fois, sans s'en douter, il était bien près de toucher au but. En janvier 1833, en effet, la lettre suivante, la dernière que nous possédions de *l'Étrangère*, vint lui apporter un espoir motivé de la rencontrer enfin.

« Le 8 janvier 1833.

» Monsieur,

» J'ai reçu avec joie *la Quotidienne* où votre note était insérée; je m'empresse de vous en instruire. J'ai beaucoup voyagé depuis que je n'ai eu le plaisir de vous écrire, et enfin, j'espère que nous allons nous fixer, au moins pour quelque temps, plus près de France.

» Je ne puis, à mon grand regret, que vous écrire bien laconiquement, et cependant j'ai bien des choses à vous dire!... Mais je ne suis pas toujours libre! Malheureusement je suis presque toujours dans l'esclavage, et!... Mais, d'ici à la fin du mois, j'espère saisir un moment où je me dédommagerai du chagrin que j'éprouve.

» Je voudrais bien avoir une réponse de vous, mais il faut prendre tant de précautions, tant de détours, que je n'ose encore me fixer à rien; je ne voudrais pas cependant rester dans l'incertitude sur mes lettres, et j'aviserai à vous indiquer par ma première un moyen certain de correspondre librement, en comptant toutefois sur votre parole d'honneur de ne pas chercher à connaître la personne qui prendra vos lettres; je serais perdue si on savait que je vous écris et que je reçois de vos lettres.

» Pourquoi ne puis-je vous peindre toute mon âme, et vous faire lire dans un cœur qui se trouve contraint de tout renfermer en lui-même? Forcée de vous quitter, j'en ai un bien grand regret, mais il le faut!

» L'ÉTRANGÈRE. »

Pour quelle cause monsieur et madame de Hanski avaient-ils quitté l'Ukraine? On ne le sait. Ce fut, en tout cas, avec l'autorisation du Général Gouverneur du Gouvernement de Kiew, de qui, l'on s'en souvient, Wierzchownia dépendait et dépend encore aujourd'hui.

XI

Il ne fallait pas plaisanter, à cette époque,
avec les permis de séjour à l'étranger. A la
moindre infraction, souvent même à la
moindre dénonciation et sans preuve aucune,
l'empereur de Russie menaçait ses sujets de
la saisie de leurs biens et les forçait ainsi
de rentrer sur-le-champ dans leur pays.
De plus, ils n'étaient pas même libres d'aller
où bon leur semblait, et M. de Hanski se
vit interdire ainsi le séjour de la France,
à moins qu'il n'eût lui-même provoqué cette

défense, afin de ne pas amener sa femme à Paris. Il pouvait avoir quelques raisons d'y redouter pour elle les conséquences de sa nature exaltée et de son enthousiasme pour les écrivains français. Pourtant, en ce qui touche Balzac, si, en mari prudent, M. de Hanski avait quelque défiance ou quelque pressentiment au sujet d'une rencontre entre sa femme et lui, il ne put, comme on le verra, malgré l'obstacle réel ou la précaution prise, empêcher sa crainte de se réaliser.

Il réussit mieux dans l'exécution de son désir supposé de ne pas se rendre à Paris, puisque madame Hanska ne connut la grande ville qu'après la mort de son époux. En effet, veuve depuis quatre ans, elle ne se rendit en France pour la première fois qu'en 1845. Elle était alors accompagnée de sa fille, et ce fut Balzac lui-même qui les amena mystérieusement et incognito dans la capitale, en les faisant passer, sur son passeport, pour sa sœur et sa nièce. Aussi le gouvernement russe ignora-t-il toujours cette désobéissance à ses ordres.

Quelle que soit, du reste, l'exactitude de nos hypothèses, c'est à coup sûr vers la Suisse que se dirigèrent en 1833 monsieur et madame de Hanski, accompagnés de leur fille, de mademoiselle Borel, son institutrice, et, si nous ne nous trompons, de leurs deux parentes, Séverine et Denise Wylezynska, dont l'une, Séverine, faisait certainement partie du voyage. On se souvient que toutes deux étaient depuis longtemps installées définitivement chez M. de Hanski, à Wierzchownia, dans un pavillon que Balzac devait baptiser plus tard du joli nom de : « La Demoisellière ».

XII

Genève était à cette époque le centre d'une
société choisie, où se retrouvaient quelques
débris des diverses émigrations qui s'y
étaient succédé. L'élite de la population ge-
nevoise s'était jointe à ces personnalités
étrangères, et quelques salons s'étaient
formés, parmi lesquels ceux de M. de Can-
dolle, le célèbre botaniste, et de l'historien
Sismonde de Sismondi, ont, entre autres,
laissé des souvenirs brillants,

Depuis Voltaire et madame de Staël, de-

puis Ferney et Coppet, Genève est toujours
demeuré un centre intellectuel distingué.
Aussi, après les événements de Pologne, en
1831, beaucoup d'exilés ou d'émigrés polonais, et même russes vinrent-ils élire domi-
cile dans cette ville de Suisse et dans ce
pays de liberté. C'est ainsi que, parmi
d'autres compatriotes, madame Hanska y
rencontra l'une de ses cousines, la comtesse
Marie Potocka.

Pour en revenir à nos deux héros, où et
comment Balzac fut-il invité à expédier la
réponse directe dont *l'Étrangère* précisait
enfin le désir dans la dernière lettre que
nous avons citée d'elle? On l'ignore absolument. Mais cette réponse, cette première
lettre de l'écrivain à la châtelaine de Wierz-
chowna existe, et doit avoir été écrite à la
fin de janvier 1833.

Au milieu de beaucoup d'autres détails,
elle fait connaître à sa destinataire le
moyen que le romancier avait si intelligem-

ment trouvé pour lui annoncer l'arrivée et la
réception de sa première lettre, ainsi que les
raisons qui l'obligèrent à ne pas l'employer.
Nous sommes heureux de revenir, ainsi que
nous l'avons du reste promis, à ces faits
curieux, et d'avoir par conséquent, avant
tout autre, le plaisir d'en instruire les lecteurs [1]. Voici donc comment l'écrivain avait
procédé :

Au moment où lui parvint d'Odessa la
première missive de madame Hanska, Balzac
préparait, — en quatre volumes au lieu de
deux, — la réimpression, très augmentée, des
Scènes de la vie privée, dont la mise en vente
eut lieu en mai 1832. L'idée lui vint aussitôt de dédier à cette mystérieuse admiratrice, qui lui envoyait de si loin une telle
preuve de sympathie passionnée pour ses

1. Depuis la première publication de ces lignes, la lettre
en question, ainsi que d'autres importants extraits de la
correspondance de Balzac avec madame Hanska, ont été
imprimés dans la *Revue de Paris*.   1896.

œuvres, l'une des scènes nouvelles destinées à cette deuxième édition. Il choisit *l'Expiation*, qu'il écrivait précisément en février 1832, et qui, entrée aujourd'hui, sans divisions, dans *la Femme de trente ans* (jadis : *Même Histoire*), n'en constituait d'abord qu'un épisode complémentaire.

Mais il avait compté sans les susceptibilités d'une autre affection, passionnée aussi celle-là, qui, depuis 1822, veillait sur sa personne et sur sa vie matérielle et morale, affection qu'au milieu d'épreuves de toutes sortes il partagea toujours lui-même sans défaillance jusqu'à la mort de cette providence de sa jeunesse. Cette mort, rappelons-le en passant, ouvrit même dans son cœur une blessure qui saigna longtemps et ne se ferma jamais complètement.

XIII

Il fut donc forcé de faire à ce dévouement
unique le sacrifice de la dédicace projetée, sa
protectrice lui reprochant à l'égal d'un crime
ce témoignage de gratitude envers *l'Étrangère*. Mais, à ce moment, cette partie du livre
sous presse était déjà imprimée, et même
tirée, avec le complément condamné, ce qui
obligea l'éditeur à faire exécuter un carton
pour le remplacer. A tout hasard, l'auteur
garda un exemplaire de la page primitive,
et, quand il sut enfin où adresser directement

ses envois, il joignit cette unique épreuve à sa première lettre, dans laquelle toute l'aventure se trouve sincèrement racontée.

Par malheur, l'autographe retrouvé par nous ne contenait plus la précieuse annexe, et Balzac, dans sa lettre, ne donnait pas le titre de la scène dédiée. Nous désespérions naturellement de jamais rencontrer cet *Envoi*, quand, à l'examen minutieux d'un exemplaire broché de l'ouvrage qui avait dû le contenir, notre attention fut attirée par ce détail que les feuilles de garde de plusieurs des quatre volumes, au lieu d'être, comme à l'ordinaire, simplement en papier blanc, contenaient, collée contre la couverture du livre, une dédicace dont le texte nous semblait inconnu. Bien qu'il pût être seulement question d'une feuille de rebut d'un autre ouvrage, cette découverte éveilla notre curiosité. De là à faire délicatement détacher ces pages, il n'y avait qu'un pas, et l'on peut juger de notre joie quand nous découvrîmes ainsi qu'il s'agissait bien réellement de l'introuvable *ex-dono* de *l'Expiation*[1]. Peut-être l'éditeur, pour ne pas perdre tout à fait ses frais, aura-t-il employé de cette façon la page supprimée? Peut-être aussi Balzac lui-même a-t-il tenté par cette combinaison désespérée d'attirer ainsi l'attention de sa lectrice, et de lui révéler sa gratitude? Certain que cette nouvelle version des *Scènes de la vie privée* passerait sous les yeux d'une personne aussi attentive à suivre tout ce qui tombait de sa plume, il avait imaginé de faire reproduire en tête de *l'Expiation* le dessin du cachet de cire, — un cachet de fantaisie, — qui scellait la première lettre de l'inconnue, en l'accompagnant de cette dédicace : *Diis ignotis*, suivie de la date : 28 février 1832, jour où l'envoi d'Odessa était, on s'en souvient, tombé entre les mains de notre héros.

1. Depuis cette première découverte, nous avons eu la chance de retrouver l'épreuve même de cet *ex-dono*, accompagnée de nombreuses annotations autographes de Balzac.

XIV

A la suite de cette première explication
écrite, où Balzac fit très noblement connaître sa situation et l'obligation où il s'était
trouvé de renoncer à son projet, une correspondance réglée s'établit, nous ne savons
par quelle voie, entre la jeune femme et
lui. La partie des autographes de ces lettres
du maître ayant échappé par miracle à une
dispersion et à une destruction déjà com-
mencées, est aujourd'hui notre propriété.
Mais un très petit nombre de ces pré-

cieuses missives n'a malheureusement pas été retrouvé.

Disons ici que la maison Calmann Lévy possède seule, par suite d'un traité que madame de Balzac elle-même a signé pour l'y autoriser, le droit de faire paraître ces merveilleuses lignes. Elles feront donc l'objet d'une publication à part, la plus intéressante qui jamais aura vu le jour sur l'auteur de la *Comédie humaine*. Il y a là près de trois mille pages tombées de sa plume, dont la presque totalité est inédite. Une cinquantaine seulement de ces lettres, adressées à madame Hanska, à sa fille et à son gendre, et copiées de la main de madame de Balzac, furent remises à M. Michel Lévy pour entrer en 1876, dans la *Correspondance* générale de Balzac. Mais celle qui n'était plus alors que la veuve de cet homme de génie ne livra pas, il faut bien l'avouer, le texte authentique et intégral de ces lettres. Aussi la version communiquée par elle, version dont l'original nous appartient également, n'est-elle pas toujours conforme aux autographes de son mari, que nous avons patiemment classés, transcrits et annotés, et dont l'ensemble va de 1833 à 1848. Ceux-ci représentent les vrais *Mémoires* de Balzac pendant ces années, avec cette réserve pourtant, qu'ils sont uniquement destinés à passer sous les yeux de madame Hanska et, par conséquent, n'évoquent rien qui puisse auprès d'elle nuire à leur auteur.

Ainsi qu'il est d'usage en pareil cas, un point surtout est soigneusement dissimulé dans ces lettres. Balzac se garde d'y faire allusion, sans une raison majeure, aux héroïnes de ses autres aventures d'amour, dont il cache avec soin l'existence et le nombre.

Leur multiplicité ne l'empêchait nullement, d'ailleurs, de se vanter à l'occasion d'une fidélité sans défaillance, aussi bien, — quand l'argument lui semblait opportun,

— que d'une chasteté pratiquée pendant plusieurs années. Mais au même moment, dans ses confidences à sa sœur, il avouait, comme on le verra plus loin, qu'il menait une existence bien différente!

Balzac, ainsi que nous l'avons souvent fait remarquer, tenta l'impossible pour créer la légende, trop bien établie aujourd'hui, de ses mœurs d'anachorète. Aussi, répondit-il à chacune des nombreuses jalouses qu'il rencontra, et à toutes les jalousies qu'il éveilla sur sa route, en affirmant que sa vie était immaculée et sans tache, comme celle d'un cénobite. Il a toujours et partout, à propos de la fidélité qu'il assurait garder à ses amantes, essayé d'abuser de la crédulité de celles qui crurent conquérir son unique amour. A ce jeu, un des partenaires fût-il Balzac, et si naïf que ce dernier fût le plus souvent dans la vie réelle, il n'y a guère ni dupeur ni dupé. C'est, d'habitude, la politique forcée des deux sexes, dans leur duel

incessant. En circonstances analogues surtout,
ni l'un ni l'autre ne croit facilement un seul
mot des explications intéressées qu'il donne
ou qu'il reçoit, et la plus ingénue des Agnès
elle-même sourirait, en pareil cas, devant
les protestations de vertu du plus innocent
des Horace, s'il s'avisait de lui en adresser !
Mais une Agnès véritable ne s'expose jamais
il est vrai, à entendre de semblables justi-
fications.

XV

L'Étrangère, du reste, éprouvait une légitime méfiance, car la réputation que Balzac s'était attirée par ses incessantes difficultés de relations avec tous n'était pas faite, convenons-en, pour lui inspirer un autre sentiment. De plus, un incident survint qui lui sembla de nature à fortifier ses soupçons. Tout au début de leur correspondance, l'écrivain s'avisa un jour de prier son amie, madame Zulma Carraud, chez qui il s'était installé à la Poudrerie d'Angoulême, dont

M. Carraud était inspecteur, de répondre pour lui à l'inconnue. Madame Hanska fut frappée non seulement du changement d'écriture, mais aussi d'une modification dans la pensée et dans les sentiments, soupçonna la vérité, craignit quelque piège, et, à en juger par les explications de Balzac, dut lui faire subir un interrogatoire en règle, auquel il répondit avec son habileté ordinaire. *L'Étrangère* ne connut donc jamais, sans doute, la main qui avait tenu la plume en lieu et place du maître.

Mais nous ne voulons point déflorer ici cette correspondance, destinée, nous l'avons déjà dit, à former un jour une publication spéciale, et dont la propriété littéraire, d'ailleurs, ne nous appartient pas. Nous en tirerons seulement ce dernier renseignement que Balzac fut appelé à Neuchâtel à la fin de septembre 1833 pour y rencontrer enfin celle qui, depuis plus de dix-huit mois, occupait si ardemment sa pensée.

Neuchâtel avait sans doute été choisi par la jeune femme pour cette réunion, à cause de sa proximité de la frontière française. Ce coin de la Suisse devait probablement, en outre, faire partie de l'itinéraire du voyage, l'institutrice de mademoiselle Hanska, mademoiselle Borel, étant, on ne l'a pas oublié, originaire de cette ville [1].

Balzac, de son côté, malgré son absolue

1. Voici un second extrait du travail de M. Bachelin :

« Mademoiselle Borel, qui portait à son pays une affection grandie par l'absence, parlait sans cesse de Neuchâtel qu'elle désirait revoir. L'admiration est communicative et la famille Hanski, s'éprenant de la Suisse aux paroles de l'institutrice, décida qu'elle irait s'y installer avec le printemps. Mademoiselle Borel écrivit à sa belle-sœur madame Borel, — depuis, madame veuve Raymond, — de louer une maison meublée dans la plus agréable situation. Celle-ci choisit la propriété Audrié, au Faubourg, dans laquelle Chateaubriand avait séjourné en 1824, et qui appartint plus tard à M. le professeur Desor.

» La famille Hanski arriva au printemps de 1833 avec un nombreux personnel de domestiques. Madame Hanska aimait trop mademoiselle Borel pour ne pas donner aussi beaucoup de son affection aux parents de son institutrice, qu'elle accueillit avec son affabilité ordinaire... C'est avec la famille de mademoiselle Borel que les voyageurs visitèrent notre pays jusqu'à la Chaux-de-Fonds, au Locle et aux Brenets. »

indépendance d'allures et les fantaisies sans cesse renouvelées de sa vie d'artiste, ne savait cette fois quel moyen employer pour cacher à tous ce voyage de Paris à Neuchâtel dont la durée était, en ce temps, de près de quatre jours. Le plus profond mystère lui étant instamment recommandé, il se demandait comment, pendant le trajet et dans les auberges des relais de poste, il parviendrait à dissimuler son nom et sa personne, si connus du public de ce temps. Puis, c'était également chose difficile pour lui de disparaître de Paris sans crier gare et sans donner son adresse à ses éditeurs, à cause de ses épreuves dont il se faisait suivre partout. Mais de tels obstacles n'étaient pas pour arrêter un homme de la trempe de notre héros, et son plan fut bientôt établi. Voici le point de départ de sa combinaison.

XVI

Parmi les innombrables projets qui bouil-
lonnaient sans relâche dans sa tête, se trouvait l'idée d'une sorte de bibliothèque universelle à bon marché, qu'il voulait créer
par abonnement, et qui contenait en germe
la révolution opérée plus tard dans la librairie parisienne par la création des volumes
à un franc. Il comptait bien y faire entrer
ses propres œuvres, sans oublier pourtant
celles de ses confrères, et nous avons
retrouvé dans ses papiers tout un dossier,

écrit de sa main, ayant trait à cette *grande affaire*, ainsi qu'il la qualifie lui-même dans plusieurs de ses lettres. Un certain M. Durmont, dont il est parlé à différentes reprises dans la *Correspondance* du maître, notamment en 1832, devait avoir un grand rôle dans l'organisation de cette bibliothèque [1], ainsi que Victor Bohain, le fondateur de *l'Europe littéraire*, ce journal dont les débuts eurent un si grand retentissement.

Pour parvenir à exécuter son entreprise dans des conditions d'économie exceptionnelles, Balzac voulait passer des marchés considérables de papier d'impression, comptant arriver ainsi à la fortune, moins encore par les produits de sa plume que par sa façon de les répandre à un taux défiant toute concurrence.

En même temps que les conditions de prix, il avait donc demandé depuis quelque

1. Ce nom est inexactement orthographié : *Dumont*, dans la *Correspondance*.

temps des échantillons de ces papiers spé-
ciaux à toutes les manufactures importantes
de province. Celles de ses lettres adressées
à madame Zulma Carraud qui sont déjà
publiées, contiennent de nombreux détails
relatifs à ces essais. Le grand homme, nous
l'avons dit ailleurs, était toujours lui-même
sa première dupe; aussi ses amis, habitués
à l'entendre exalter sans mesure sa chimère
du moment, ne se doutèrent-ils de rien, et
personne ne soupçonna le but principal de
son voyage, dont la raison officielle, à la
fois réelle et spécieuse, fut la recherche,
plus sérieuse que jamais, d'un vélin supérieur à un prix invraisemblable.

Balzac sut encore se créer une autre aide
pour dissimuler une partie de la vérité, en
ayant recours à Charles de Bernard. Il était
entré en relations en 1831 avec le romancier
franc-comtois, alors établi à Besançon, à la
suite d'un article sur *la Peau de Chagrin*
publié par ce dernier dans la *Gazette de*

Franche-Comté, article dont le romancier avait été très satisfait. Aussi, quelques années après, l'appela-t-il définitivement à Paris pour le faire collaborer à sa *Chronique de Paris*, dans laquelle l'auteur de *Gerfaut*, après avoir été chargé d'abord de la critique théâtrale, publia ensuite quelques nouvelles.

C'est lui qui, sans se douter de rien, retint la place de Balzac aux messageries, de Besançon à Neuchâtel. Il en fut de même, au retour, pour celle de Besançon à Paris. Les lettres du maître à son ami, relatives à ces places, font partie de sa *Correspondance* imprimée ; elles indiquent que l'auteur d'*Eugénie Grandet* quitta Paris, pour se rendre au rendez-vous donné, le dimanche 22 septembre 1883. Il arriva à Neuchâtel le mercredi 25 du même mois, en repartit le mardi 1er octobre, et rentra chez lui, rue Cassini, le vendredi 4, après avoir passé seulement cinq jours en Suisse.

XVII

Neuchâtel, ainsi qu'on peut le supposer,
n'était pas semblable, en 1833, au Neuchâtel
d'aujourd'hui. Depuis lors, là comme partout ailleurs, on a fréquemment sacrifié le
paysage à l'exploitation pratique du sol.
Pourtant, l'aspect général du coin de cette
jolie ville qui vit la première réunion de nos
deux amants, n'a pas été, jusqu'ici, rendu
méconnaissable.

La *Maison Andrié*, louée pour la famille
Hanski, est située en face de l'*Hôtel du Fau-*

bourg, ou *Hôtel Fauche*, devenu depuis une maison particulière. Cet hôtel était alors entouré d'un grand jardin que, dès cette époque, on se mit à morceler en vue d'y construire des habitations nouvelles.

Tout auprès de ces demeures existait et existe encore une promenade publique, terminée et surmontée par une colline, qui s'avançait autrefois en promontoire au dessus du lac. Une tradition locale affirme que la première entrevue de *l'Étrangère* et de l'écrivain eut lieu en cet endroit, et la vraisemblance est ici d'accord avec la tradition. *Le Crêt* est le nom du petit promontoire qui terminait cette *Promenade du Faubourg*, et qui, s'avançant dans le lac, y dessinait, au levant et au couchant, deux gracieuses baies. Actuellement, il se trouve en pleine terre, les deux baies ayant été comblées au moyen d'une colline qui a été rasée et jetée dans le lac. Cinq rues ont été construites sur les terrains, ainsi gagnés sur les eaux au profit de l'extension de la ville, mais au grand détriment du pittoresque. Du *Crêt*, la vue plongeait sur la *Maison Andrié*, et sur l'habitation et le jardin de l'*Hôtel du Faubourg*. Outre son charme comme site, *le Crêt* pouvait donc offrir à Balzac un excellent poste d'observation. Aussi, débarqué d'abord, paraît-il, à l'*Hôtel du Faucon*, placé au centre de la ville, notre héros aurait bientôt transporté, dit-on, ses pénates à l'*Hôtel du Faubourg*.

Quoi qu'il en soit de ces hypothèses, la première rencontre de Balzac avec madame Hanska nous a été racontée de bien des manières. Mais personne ne sait exactement comment elle se produisit, et tous les récits qui nous en ont été faits semblent plutôt empruntés à quelque chapitre de roman qu'à la réalité, si invraisemblable qu'elle fût pourtant en cette circonstance.

D'après l'une de ces versions, il serait arrivé à Neuchâtel sans autres indications que celles de la *Promenade du Faubourg* et de l'heure du rendez-vous. Il lui aurait fallu deviner ensuite, parmi les personnes assises en cet endroit, laquelle était *l'Étrangère*.

Madame Hanska, un volume de Balzac à la main, l'aurait aperçu de loin et reconnu sans peine, grâce à ses portraits répandus partout. Très émue, elle aurait laissé tomber le livre. Lui se serait alors précipité vers elle, et dans un double cri : Ève! Honoré! aurait jailli le premier élan de leur cœur.

S'il fallait se fier à une autre version, un profond désenchantement se serait au contraire emparé de l'héroïne à la vue du petit homme gros et inélégant qu'était Balzac. Celui-ci sut, en tout cas, faire promptement oublier à la belle étrangère sa première surprise et sa désillusion d'un instant.

Par bonheur, un document unique, et exceptionnellement précieux par rapport à cette première entrevue, se trouve entre nos

mains. Il est précis, et fixe, de la plume
même de Balzac, ses impressions immédiates
sur madame Hanska et sur les cinq jours
qu'il passa auprès d'elle. Ce document
consiste en une lettre autographe, presque
entièrement inédite, adressée à sa sœur,
madame Surville ; cette lettre est la plus
importante certainement qui ait été mise
au jour jusqu'à présent sur les débuts de
cette passion célèbre. Nous allons la citer
ici. On y trouvera encore beaucoup d'autres
détails inconnus et du plus extrême intérêt,
qui confirment ce que nous avons déjà dit
sur le rôle que l'élément féminin joua toujours dans la vie du maître.

Quelques fragments de cette lettre, datés
par erreur de juin au lieu d'octobre 1833,
ont seuls été imprimés dans la *Correspondance* de Balzac. Mais certains passages ne
sauraient avoir été écrits en juin 1833, entre
autres celui où l'auteur parle d'aller, après
ses travaux, « chercher une récompense à

Genève ». De plus, le mois pendant lequel cette lettre, datée de « samedi 12 », fut écrite, ne peut prêter au doute, cette double réunion de jour et de chiffre ne s'étant rencontrée, en 1833, qu'en janvier et en octobre. Voici le texte complet de cette pièce, certainement écrite très rapidement, car il s'y trouve plusieurs mots omis et plus d'une obscurité. Pour en mieux préciser le sens, nous y avons fait, selon notre habitude en pareil cas, quelques adjonctions, placées, comme toujours d'ailleurs, entre crochets [1] :

1. Cette lettre et quelques autres missives adressées par Balzac à sa famille, sont aujourd'hui entre nos mains. Elles proviennent d'un des meilleurs amis du maître, feu Laurent-Jan, qui les tenait directement de madame Surville.

XVIII

« [Paris], samedi 12 [octobre 1833].

» Ma chère sœur,

» Tu comprends bien que je ne t'ai rien
pu dire devant Eugénie [Sanitas]. Mais
j'avais tout mon voyage à te conter.

» J'ai trouvé là-bas tout ce qui peut flatter
les mille vanités de cet animal nommé
l'homme, dont le poète est certes la variété
la plus vaniteuse. Mais, que dis-je ? de
vanité ! Non, il n'y a rien de tout cela. Je

suis heureux, très heureux en pensées, en tout bien tout honneur encore. Hélas ! un damné mari ne nous a pas quittés pendant cinq jours d'une seconde. Il allait de la jupe de sa femme à mon gilet ! [Et Neuchâtel est] une petite ville où une femme, une illustre étrangère, ne peut pas faire un pas sans être vue ! J'étais comme dans un four. La contrainte ne me va pas.

» L'essentiel est que nous avons vingt-sept ans, que nous sommes belle par admiration, que nous possédons les plus beaux cheveux noirs du monde, la peau suave et délicieusement fine des brunes, que nous avons une petite main d'amour, un cœur de vingt-sept ans, naïf ; [enfin, c'est] une vraie madame de Lignolles[1], imprudente au point de se jeter à mon cou devant tout le monde.

» Je ne te parle pas des richesses colossales. Qu'est-ce que c'est que cela devant un

1. L'un des principaux personnages des *Amours du chevalier de Faublas*, roman par Louvet de Couvray.

chef-d'œuvre de beauté, que je ne puis comparer qu'à la princesse de Bellejoyeuse[1], en infiniment mieux? [Elle possède] un œil traînant, qui, lorsqu'il se met ensemble, devient d'une splendeur voluptueuse. J'ai été enivré d'amour.

» Je ne sais à qui conter cela, et, certes, ce n'est [possible] ni *à elle*, la grande madame, la terrible marquise, qui, soupçonnant le voyage, dégringole de sa fierté, et m'intime l'ordre d'aller la retrouver chez le duc de F[itz-James][2]; [ni] ce n'est pas [possible à dire non plus] *à elle*, la pauvre, simple et délicieuse bourgeoise, qui, enfin, est comme Blanche d'Azay[3]! Je suis *père*, — voilà un autre secret que j'avais à te dire, — et à la tête d'une gentille personne, la plus naïve créature qui soit, tombée

1. Balzac ne nommait jamais autrement la princesse de Belgiojoso.

2. La marquise de Castries.

3. Allusion au *Péché Véniel*, dans les *Contes drolatiques*.

5.

comme une fleur du ciel, qui vient chez moi en cachette, n'exige ni correspondance ni soins, et qui dit : « Aime-moi un an, je » t'aimerai toute ma vie ! »

» Ce n'est pas [davantage] *à elle*, la plus chérie, qui a encore plus de jalousie pour moi qu'une mère n'en a pour son lait qu'elle donne à son enfant ! Elle n'aime pas *l'Étrangère*, précisément parce que *l'Étrangère* paraît être mon fait.

» Enfin, ce n'est pas *à elle*, qui veut sa ration d'amour journalière, et qui, quoique voluptueuse comme mille chattes, n'est ni gracieuse, ni femme.

» C'était donc à toi, ma bonne sœur, l'ancienne compagne de mes misères et de mes larmes, que j'ai voulu conter ma joie, afin qu'elle meure au fond de ton souvenir. Hélas ! je ne puis faire de fatuité avec personne, sauf [à propos de] madame de Castries, que la célébrité n'épouvante pas ! Je ne veux jamais causer le plus léger malheur par mes indiscrétions. Aussi, brûle ma lettre.

» Comme nous serons longtemps sans nous revoir, puisque j'irai sans doute en Normandie[1], à Angoulême[2], et que je retournerai *la voir* encore à Genève successivement, il fallait bien t'écrire un mot, te dire que j'étais enfin heureux. J'en suis [joyeux] comme un enfant.

» Mon Dieu, que ce Val de Travers est beau, que le lac de Bienne est ravissant!... C'est là, tu penses bien, que nous avons envoyé le mari s'occuper du déjeuner; mais nous étions en vue, et, alors, à l'ombre d'un grand chêne, s'est donné le furtif baiser premier de l'amour. Puis, comme notre mari s'achemine vers la soixantaine, j'ai juré d'attendre, et *elle* de me réserver sa main, son cœur!

» N'est-ce pas gentil d'avoir arraché un

1. Chez le duc de Fitz-James.
2. Chez madame Zulma Carraud.

mari, — qui m'a l'air d'une tour, — de l'Ukraine, et de faire six cents lieues pour aller au-devant d'un amant qui n'en fait que cent cinquante, le monstre ?

» Je plaisante ; mais, en sachant tout ce que j'ai ici d'affaires et d'occupations, mes cent cinquante lieues valent bien les six cents de ma fiancée. Elle est vraiment bien. Elle compte bien faire une grosse maladie à Genève, qui exige[ra les soins de] M. Dupuytren, afin d'attendrir l'ambassadeur russe et d'obtenir un visa pour ce Paris qu'elle convoite, et où il y a, pour une femme, la liberté sur la montagne. Néanmoins, j'ai enchanté le mari ; aussi, je tâcherai, l'année prochaine, d'avoir trois mois à moi. J'irai voir l'Ukraine, et nous nous sommes promis un magnifique et splendide voyage en Crimée, qui, tu [le] sais, est un pays inconnu où ne vont point les touristes, et qui est, dit-on, mille fois plus beau que la Suisse et l'Italie. — C'est l'Italie de l'Asie.

» Mais que de travaux d'ici là ! Payer ses dettes ! Grandir de réputation !

» Hier, j'ai été chez Gérard. Trois familles allemandes, — une prussienne, une de Francfort, une de Vienne, — m'ont officiellement été présentées. Elles venaient fidèlement chez Gérard, depuis un mois, pour me voir et me dire qu'il n'était question que de moi [chez eux]; que de la frontière de France, commençait pour moi une gloire étonnante, et que je n'avais qu'à persévérer encore un an ou deux pour être mis à la tête de l'Europe littéraire, remplacer Byron, Walter Scott, Gœthe, Hoffmann !

» Ma foi, comme c'étaient de bons Allemands, je me suis laissé aller à croire [tout] cela. Cela m'a rendu quelque courage, et je vais faire un triple feu sur le public et sur les envieux. Pendant cette quinzaine, d'un seul jet, [je vais] finir *Eugénie Grandet*, faire *les Aventures d'une idée* [heureuse] et *le Prêtre catholique*, un de mes plus beaux sujets.

Puis viendra le beau troisième *dixain*, et, après cela, j'irai chercher une récompense à Genève, après avoir payé un bon tronçon de dettes. Voilà, ma sœur.

» J'ai enfin repris ma vie d'hiver. Je suis couché à six heures, avec mon dîner dans le bec, et je dors jusqu'à minuit et demi. A une heure, Auguste[1] me pousse une tasse de café, à mon réveil, et je vais d'une seule traite, travaillant de une heure du matin à une heure après midi. Au bout de vingt jours, cela fait joliment d'ouvrage !

» Adieu, ma sœur chérie. Si ton mari est arrivé, dis-lui que *les Aventures d'une idée* [*heureuse*] sont sur le chantier, et qu'il les lira peut-être à Montglat, car je vous ferai peut-être envoyer le journal où elles paraîtront, si vous y restez jusqu'à la fin du mois.

» L'affaire des *Études de mœurs* [*au dix-*

---

1 Son domestique.

neuvième siècle] est en bon train. Trente-trois mille francs de droits d'auteur, cela bouchera juste tous les grands trous. Je n'aurai plus [ensuite] qu'à entamer le remboursement de ma mère, et après, ma foi, je serai bien à l'aise. J'espère vous rembourser à la fin du mois les mille francs restants ; mais, si ma mère voulait tous ses intérêts [à la fois], je serais forcé de vous remettre [jusque] dans la première quinzaine de novembre.

» Allons, adieu, ma chère sœur. Si tu as du cœur, tu me répondras. Que diable allez-vous faire à Montglat? Enfin, vous êtes libres, et ce n'est pas un reproche, c'est une curiosité. Entre frère et sœur, cela se pardonne. Mille tendresses. Tu ne diras plus que je ne t'écris pas.

» A propos, ma douleur au côté persiste; mais j'ai si grand'peur des sangsues, du cataplasme et d'être entravé de manière à ne plus pouvoir achever ce que je tiens, que j'ajourne. Si cela devenait trop fort, nous

nous verrions, moi et le docteur [Nacquart],
ou le magnétisme.

» *Addio, addio !* Mille bonnes choses. Cor-
rige bien *le Médecin* [*de Campagne*], ou plutôt
dis-moi tous les endroits qui te sembleront
mauvais, et mets les *grands pots dans les
petits*, c'est-à-dire [que] si une chose peut
être dite en une ligne au lieu de deux, essaie
de faire la phrase.

» Adieu, sœur.

» [HONORÉ]. »

XIX

Nous ne savons si vraiment l'auteur du *Lys dans la vallée* avait aussi : « *enchanté le mari* », comme il s'en vante dans cette précieuse lettre. Mais nous allons en citer une autre, celle-là adressée à Balzac par M. de Hanski lui-même, et écrite moins d'un an après leur rencontre à Neuchâtel. Elle semble bien prouver, en effet, que l'appréciation du grand romancier, s'il a pu s'y glisser quelque ombre d'exagération, n'exprimait pas cependant le contraire de la vérité.

« Vienne, ce 3 août 1834.

» Je viens de recevoir, monsieur, l'exemplaire du *Médecin de Campagne*, celui de vos ouvrages que j'aime le mieux et dont j'aurais voulu que le réel mérite fût senti et reconnu à sa juste valeur. Je me suis permis, il y a quelque temps, de vous écrire largement sur l'impression que ce livre avait faite sur moi; aussi, je n'y reviendrai plus. Veuillez seulement recevoir mes remerciements pour un souvenir si précieux de votre bonne amitié.

» Ma femme vous a parlé sans doute de la manière dont j'ai été mystifié par le *Moniteur*. Mais expliquez-nous donc ce que c'est que cet homonyme légitimiste, qui est député de Villefranche. Nous avons cru qu'il n'y avait pour la France, comme pour nous, qu'un seul M. de Balzac, et, dans cette certitude, j'avais préparé une longue lettre de félicitation. Je vous y parlais d'*une certaine cause*[1] dont, connaissant votre cœur généreux, j'espérais vous voir le champion. Mais, dans le moment le plus doux de ces rêves illusoires, voilà que ma femme m'apporte votre lettre, en me disant que vous n'étiez pas député. Désappointé, j'ai maudit la fatalité qui préside aux choses de ce monde; j'ai condamné ma belle épître au feu, et les diables bleus sont revenus m'assaillir en troupe.

» Mais adieu, monsieur; ma femme vous envoie sans doute un bien long bavardage. Ce serait trop d'ennui pour vous à la fois. Je finis donc, en vous assurant de toute mon amitié.

» VENCESLAS DE HANSKI. »

1. Il s'agit sans doute ici de *Madame* (la duchesse de Berry).

XX

Un autre fait, d'un bien vif intérêt, res-
sort aussi de la lettre de Balzac à sa sœur.
Nous voulons parler de l'allusion qu'elle
contient à sa récente paternité.

Que peut être devenu cet enfant, une
fille nommée Marie, si nous ne nous trompons? Aucun indice sérieux n'existe, à notre
connaissance, qui permette d'en rechercher
la trace avec quelque chance de succès.
C'est certainement à sa mère, à cette délici-
cieuse créature qui disait au grand scru-

tateur d'âmes : « Aime-moi un an, je t'aimerai toute ma vie », qu'est dédiée son œuvre la plus émouvante peut-être, et la plus populaire à coup sûr, *Eugénie Grandet*. Il suffit de lire les paroles qu'il adresse *à Maria*, en tête de ce livre, pour reconnaître en celle-ci la douce et touchante héroïne de ce court poème d'amour, car tout fait supposer qu'elle n'a pas même obtenu, en 1833, l'année de tendresse demandée pour prix d'une affection qu'elle promettait éternelle.

Voici cette dédicace. Elle fut ajoutée pour la première fois à l'œuvre en 1839 :

A MARIA

Que votre nom, vous dont le portrait est le plus bel ornement de cet ouvrage, soit comme une branche de buis bénit, prise on ne sait à quel arbre, mais certainement sanctifiée par la religion et renouvelée, toujours verte, par des mains pieuses, pour protéger la maison.

DE BALZAC.

Sans appuyer sur un sujet aussi délicat, disons cependant que le grand Honoré a laissé, paraît-il, d'autres héritiers, sinon de son nom, du moins de son sang. Un fils, mort longtemps après lui, et une fille, décédée depuis peu d'années, n'étaient pas ignorés, semble-t-il, d'un très petit nombre de ses amis. Enfin, il perdit encore, en novembre 1846, une petite fille née à six mois. La naissance de cette enfant donna lieu à l'un des grands drames inconnus dont le célèbre romancier fut le héros, et les rapides progrès de sa maladie de cœur ont même été dus en partie à cette terrible aventure.

XXI

Pour en revenir à madame Hanska, Balzac, comme il l'écrivait à sa sœur, alla la retrouver à Genève à la fin de décembre 1833[1].

1. Faisons ici un dernier emprunt au travail de M. Bachelin :

« Elle (madame Hanska) voyageait avec son mari fort âgé et malade, et avec sa fille Anna... Y eut-il peut-être, en face de ce mari, dont les jours paraissaient comptés, une entente tacite pour l'avenir [entre elle et Balzac]? Nous le croyons, sans l'affirmer.

. . . .

» Après un séjour de plusieurs mois à Neuchâtel, la famille Hanski se fixa au Pré-Lévêque, à Genève, où elle passa

C'est pendant ce séjour que s'établit enfin entre eux l'entente définitive, dont le couronnement fut, pour le grand écrivain, le 15 avril 1850, la conclusion du mariage

l'hiver de 1833 à 1834... Les parents de mademoiselle Borel, invités par madame Hanska, se rendirent chez elle au printemps, et ce fait prouve encore les bons rapports qui s'étaient établis entre eux. Dans l'été de 1882, la comtesse Anna Mniszech, fille de madame Hanska, visita madame veuve Raymond à Neuchâtel ; celle-ci lui fit don d'une miniature représentant sa mère à l'âge de seize ans.

» Mademoiselle Henriette Borel, qui servit inconsciemment de cause à la rencontre de Neuchâtel, demeura jusqu'en 184? dans la famille Hanski. La cérémonie funéraire du chef de la famille, avec ses chants, ses lumières, ses costumes impressionnèrent vivement cette nature enthousiaste qui, à partir de ce moment [1841], eut l'idée bien arrêtée d'abjurer la religion protestante. Ayant fait [en 1843] à Saint-Pétersbourg, la connaissance d'une famille française, elle l'accompagna à Paris, où, malgré les prières des siens, elle entra au couvent de la Visitation, rue d'Enfer. Elle y mourut en 1857.

. . . .

» Un souvenir de madame Hanska est demeuré à Neuchâtel, une cassette dans laquelle elle enfermait ses lettres... Peut-être pensait-elle que cette cassette était trop petite pour contenir les lettres que Balzac devait lui écrire à partir de l'entrevue de Neuchâtel ? »

Les lettres de Balzac à madame Hanska prouvent, au contraire, que cette cassette, donnée à mademoiselle Borel, était destinée à conserver fidèlement, et, sans danger entre ses mains, les lettres de Balzac à *l'Étrangère*.

qu'il avait si longtemps et si ardemment souhaité.

Aussi, quand il quitta Genève, le samedi 8 février 1834, après six semaines environ de relations quotidiennes avec le ménage Hanski, connaissait-il bien cette fois *l'Étrangère* qui l'avait tant occupé, et reprit-il le chemin de Paris en basant sur leurs sentiments réciproques l'espoir du plus doux avenir.

Monsieur et madame de Hanski, en s'éloignant de Genève, se rendirent d'abord en Italie; puis, ils reprirent le chemin de l'Ukraine, en s'arrêtant longtemps à Vienne. C'est là que le peintre Daffinger fit de la belle voyageuse une miniature dont Balzac parle sans cesse avec enthousiasme dans ses lettres, publiées ou encore inédites, adressées à madame Hanska.

Nous avons eu l'occasion de voir ce portrait, le seul exact qui existe de notre héroïne. Tous ceux qui ont été jusqu'ici

6

livrés au public ne représentent que la femme déjà âgée, et nullement celle qui charma Balzac lorsqu'il avait trente-quatre ans. Un pastel du peintre Gigoux, exposé au Salon de 1852, qui la montre à peu près de profil, est encore dans le même cas.

Daffinger, au contraire, a représenté madame Hanska à l'âge de trente ans environ. Elle est placée presque de face, décolletée, et vêtue d'une robe de velours noir, garnie de longues manches de crêpe, noir aussi, qui, voilant en partie ses beaux bras, mettent en valeur ses superbes épaules. Elle tient à la main un lorgnon, retenu par une chaîne d'or qui flotte sur son col, et son corsage est orné seulement d'un simple nœud de rubans, fixé par une perle. Sa taille semble un peu courte ; mais pourtant l'embonpoint naissant, qui devait envahir plus tard le modèle, ne dépasse pas encore ici la proportion séduisante ; il précise seulement le côté quelque peu massif de sa nature physique.

Les traits, légèrement empâtés déjà, indiquent néanmoins une personnalité énergique et une grande force de volonté ; les yeux noirs et profonds, quoique un peu vagues, comme ceux des myopes ; les cheveux, noirs aussi, réunis selon la mode du temps, de chaque côté des tempes, en grappes de boucles épaisses et courtes, accentuent encore cette physionomie sérieuse, complétée par une bouche rose d'enfant, aux lèvres assez épaisses et d'un dessin très arrêté. Mais le trait principal et le plus caractéristique de ce visage consiste en un front admirable, d'une forme et d'une dimension magnifiques, dont Balzac demeura ébloui pendant toute sa vie, et sur lequel il revient sans cesse dans ses lettres. On y devine la puissante intelligence et l'énergie peu commune dont madame Hanska donna de nombreuses preuves, aussi bien à propos de

Balzac qu'en d'autres circonstances. Elle a laissé chez ceux qui l'ont connue le souvenir d'une des plus remarquables personnalités féminines de son temps, si fécond d'ailleurs en types particuliers et en esprits originaux.

XXII

Et maintenant si, au moment de leur vie où nous abandonnons nos deux héros plongés dans l'ivresse de leur bonheur et de leurs espérances, nous nous reportons par la pensée à seize ans plus tard, nous serons frappés des étranges événements qui accompagnèrent, au mois de mai 1850, le retour à Paris du pauvre Balzac, marié enfin, il est vrai, mais presque mourant aussi !

On sait que, pour son étoile lointaine, il avait mystérieusement orné la demeure,

6.

aujourd'hui disparue, où s'entassaient les nombreux objets d'art qu'il avait patiemment amassés pendant toute sa carrière. Sa mère s'était chargée pendant sa longue absence de veiller sur ces trésors, et de garnir le nid de fleurs et de lumières, le soir même de l'arrivée à Paris du nouveau ménage. Selon les recommandations de son fils, madame de Balzac devait disparaître ensuite, et attendre chez elle, le lendemain, la première visite de sa belle-fille, qu'elle ne connaissait pas encore.

Il était tard quand Balzac et sa femme arrivèrent en voiture devant la porte de leur logis. Cependant, — à leur véritable effroi, — malgré les coups de sonnette les plus retentissants, personne de l'intérieur ne se présenta pour leur ouvrir et les recevoir. La maison pourtant était habitée, puisqu'à travers les vitres des fenêtres on pouvait voir toutes les pièces illuminées et ornées de fleurs. Malgré l'heure avancée et l'épuisement des voyageurs, il fallut donc chercher un serrurier, et quand ils purent enfin pénétrer chez eux, un étrange spectacle s'offrit à leurs yeux. Entre le départ de la mère et l'arrivée du fils, le domestique qui gardait la maison et attendait ses maîtres était devenu subitement fou. C'était un Alsacien, nommé François Munch. Nous possédons une quittance de la Maison de Santé où Balzac le plaça, en le faisant soigner à ses frais, et sur laquelle le grand Honoré est désigné de la manière suivante : comte de Balzac. Ainsi qu'on le verra plus loin, son nom et ses titres variaient du tout au tout sur les mémoires de ses créanciers.

Nous avons aussi entre les mains la facture du serrurier, sans lequel, comme nous venons de le dire, l'auteur de *la Comédie humaine*, malade, et accompagné de sa femme, n'aurait pu rentrer chez lui le premier soir de son arrivée à Paris. Elle nous semble curieuse à citer en entier, ainsi que son acquit, dont nous respectons avec soin l'orthographe fantaisiste. Balzac ayant cessé de vivre le 17 août 1850, à onze heures et demie du soir (bien que la date officielle de son décès soit indiquée le 18 août), comme on va le voir cette facture fut soldée presque jour pour jour un mois après sa mort.

MÉMOIRE

de travaux de serrurerie faits pour le compte de M. Honoré de Balzac, rue Fortunée, nº 12, par Grimault, serrurier, rue du Faubourg-Saint-Honoré, nº 175.

Savoir :

Mai 1850. — Fait l'ouverture de la serrure du verrou de la porte cochère, ouvert ladite porte à l'aide d'un levier, refermé le tout après la rentrée de la voiture, qu'il a fallu aider au postillon à placer, eu égard au temps passé et déplacement la nuit,

vaut. . . . . Fr. 3 50

Juin. — Refait le même travail pour
la sortie de la voiture précitée,
et avoir aidé à la conduire et
remiser dans une remise, rue du
Faubourg-Saint-Honoré, n° 228. 2 50

TOTAL. . . . . Fr. 6 »

Pour accit, M. GRIMAUT, le 19 cetambre 1850.

XXIII

Cette émouvante arrivée, ce drame dans sa propre maison, étaient, il faut le reconnaître, de fâcheux présages pour commencer cette vie à deux tant souhaitée par le grand écrivain. En eut-il le pressentiment, et cette pensée influa-t-elle sur les quelques mois qui suivirent ? On l'ignore. Mais, s'il faut en croire divers témoins et amis tout à fait dignes de foi, il ne trouva pas, dans le dénouement de son long roman, tout le bonheur espéré.

Sans parler du silence absolu gardé sur ce point par madame Surville dans son volume, nous tenons de plusieurs contemporains qu'à la mort de Balzac l'union du nouveau ménage était déjà fort altérée. Ce fait, Victor Hugo le précise absolument dans son livre posthume : *Choses vues*. Le récit de cette mort contenu dans ce volume est des plus poignants, et des plus importants comme document authentique et enregistré *de visu*.

L'auteur d'*Hernani*, inquiet des bruits qui courent sur l'état de santé de Balzac, va s'informer lui-même chez le malade. Il est reçu par une servante qui lui répond, en parlant de son maître : « Il est perdu. Madame est rentrée chez elle. » Puis, Hugo pénètre dans la chambre du mourant, où, dit-il : « une vieille femme, la garde et un domestique se tiennent debout des deux côtés du lit ».

A cette heure suprême, une vieille femme,

— la mère de l'agonisant, — une garde et un domestique veillaient donc seuls à son chevet !

Une dernière ironie du sort, et non la moins invraisemblable, attendait encore le grand homme avant qu'il disparût pour jamais. Dès qu'il eut rendu le dernier soupir, on fit aussitôt mouler sa main, qu'il avait fort belle. Nous possédons un de ces précieux moulages, ainsi que la facture du mouleur. Or, veut-on savoir comment, dans son mémoire, ce dernier désignait l'auteur de cent chefs-d'œuvre, l'écrivain dont la renommée était alors européenne, et le nom connu dans le monde entier? Son compatriote, peut-être, — non pas son voisin pourtant, puisque notre homme demeurait rue Montorgueil, — mais un habitant de Paris, en tout cas, ignorait abolument cette gloire et même ce nom, et l'appelait, non plus : comte de Balzac, comme le directeur de la Maison de Santé, mais : *Monsieur Balsaque!!!*

Nous serons moins irrespectueux envers cet individu, dont l'état civil mérite vraiment, nous semble-t-il, d'être recueilli, et nous terminerons notre récit par ce dernier renseignement : il se nommait Marminia !

Novembre 1893.

II

A PROPOS

DE LA RECHERCHE

ET

DE LA PHYSIONOMIE DES NOMS

DANS

« LA COMÉDIE HUMAINE »

I

Le choix et l'application des noms attribués aux personnages dans les œuvres
d'imagination, sont devenus de notre temps
pour leurs auteurs, sinon des obstacles
absolus, du moins de très sérieuses difficultés.

Faut-il en rechercher et en trouver la
cause première, spécialement dans la diminution des facultés inventives chez nos contemporains immédiats, plutôt que dans le
nombre excessif de romans publiés en ces

dernières années? Nous l'ignorons. Mais le fait est incontestable, et presque aucun jour ne se passe sans qu'il ne s'en produise un nouvel exemple, apportant quelque preuve de plus à l'appui de notre observation.

Tantôt c'est un nom qu'il faut modifier dans un ouvrage en cours de publication ou dès sa réimpression en volume; plus souvent encore, c'est celui d'un ou de plusieurs personnages d'une œuvre dramatique qu'il faut remplacer, et cela parfois même pendant la période de ses représentations. Incessantes sont les réclamations de ce genre, à ce point que les pauvres écrivains ne parviennent plus à satisfaire aux exigences, presque toujours fort puériles, il faut l'avouer, des mécontents.

En présence de ces plaintes, de ces prétentions, sans cesse renouvelées et sans cesse croissantes, une de leurs victimes avait songé sérieusement à ne plus désigner à la scène les enfants de son cerveau autrement que par de simples numéros. C'eût été là un moyen radical pour écarter, en effet, toute difficulté. Mais, par contre, combien l'intérêt et la clarté de l'œuvre, — sans parler en outre de sa physionomie particulière, — n'eussent-ils pas souffert de l'emploi de ce procédé, exclusivement mathématique !

D'ailleurs, cette question a tenu de tout temps une place importante dans la composition des ouvrages d'imagination, dont quelques-uns durent peut-être au brillant état civil de leurs héros une part de popularité et de succès. Ainsi, leur incontestable valeur intrinsèque mise hors de cause, n'est-il pas permis de supposer que *Don Quichotte*, *Gil Blas*, *Manon Lescaut*, *Clarisse Harlowe*, de même que bon nombre d'œuvres plus récentes, ont pu bénéficier, dans une certaine mesure, de l'heureux choix des noms destinés à incarner leurs principaux acteurs ?

Mais après l'énorme consommation faite de qualificatifs imaginaires, il semble maintenant que tous aient été formulés, et que la faculté d'en inventer de nouveaux soit, sinon tout à fait annihilée, du moins fort affaiblie chez les romanciers actuels. La même preuve de fâcheuse stérilité nous est du reste tout aussi fréquemment donnée par les musiciens du jour, chez qui la mélodie, — cette seule raison d'être de la musique, — n'existe même plus à l'état d'embryon.

Personne autant qu'Honoré de Balzac ne s'est, en notre siècle, préoccupé de cette question des noms. Aussi n'écrivait-il aucun ouvrage sans établir d'abord, avec le plus extrême scrupule, l'état civil de tous ses personnages, ni sans s'être livré à de minutieuses investigations pour en déterminer soigneusement, à ses propres yeux, l'origine et le sens précis.

Dans ses souvenirs sur Balzac, Léon Gozlan a fait, avec sa verve habituelle, le récit de la poursuite et de la découverte qu'après une recherche passionnée ils firent ensemble du vocable de : Z. Marcas, ainsi que de la joie exubérante qui s'empara du grand écrivain en l'apercevant sur une enseigne de tailleur. L'auteur de *la Peau de chagrin* s'empressa, du reste, de consigner dans *Z. Marcas* son opinion sur l'importance et l'intérêt des noms, et cette page curieuse mérite vraiment d'être relue. Quoique Léon Gozlan l'ait déjà citée dans son travail, nous allons la reproduire de nouveau, préférant mettre sur-le-champ ces lignes sous les yeux du lecteur, plutôt que de le renvoyer à la nouvelle du maître :

« Il existait une certaine harmonie entre la personne et le nom. Ce Z, qui précédait Marcas, qui se voyait sur l'adresse de ses lettres, et qu'il n'oubliait jamais dans sa signature, cette dernière lettre de l'alphabet offrait à l'esprit je ne sais quoi de fatal.

» Marcas ! Répétez-vous à vous-même ce

7.

nom composé de deux syllabes; n'y trouvez-vous pas une sinistre signifiance? Ne vous semble-t-il pas que l'homme qui le porte doive être martyrisé? Quoique étrange et sauvage, ce nom a pourtant le droit d'aller à la postérité; il est bien composé; il se prononce facilement; il a cette brièveté voulue pour les noms célèbres. N'est-il pas aussi doux qu'il est bizarre? Mais aussi ne vous paraît-il pas inachevé? Je ne voudrais pas prendre sur moi d'affirmer que les noms n'exercent aucune influence sur la destinée. Entre les faits de la vie et le nom des hommes, il est de secrètes et d'inexplicables concordances, ou des désaccords visibles, qui surprennent; souvent des corrélations lointaines, mais efficaces, se sont révélées. Notre globe est plein; tout s'y tient. Peut-être reviendra-t-on quelque jour aux sciences occultes.

» Ne voyez-vous pas dans la construction du Z une allure contrariée? Ne figure-t-elle pas le zigzag aléatoire et fantasque d'une vie tourmentée? Quel vent a soufflé sur cette lettre qui, dans chaque langue où elle est admise, commande à peine à cinquante mots? Marcas s'appelait Zéphirin. Saint Zéphirin est très vénéré en Bretagne. Marcas était Breton.

» Examinez encore ce nom : Z. Marcas! Toute la vie de l'homme est dans l'assemblage fantastique de ces sept lettres. Sept! le plus significatif des nombres cabalistiques! L'homme est mort à trente-cinq ans; ainsi sa vie a été composée de sept lustres. Marcas! N'avez-vous pas l'idée de quelque chose de précieux qui se brise par une chute, avec ou sans bruit? »

Cette étude attentive des noms, Balzac l'appliquait, nous l'avons dit, aux héros et aux héroïnes de toutes ses œuvres. Il prétendait même indiquer le rang occupé dans la société par chacun des acteurs de *la Comédie humaine*, rien que par l'euphonie ou la rudesse des sons réunis dont il composait le dénominatif qui lui servait à les baptiser.

Les classes sociales étaient de son temps beaucoup plus tranchées et beaucoup plus caractérisées qu'aujourd'hui. Aussi le grand romancier n'eût-il jamais consenti, par exemple, à décorer une de ses grandes dames authentiques d'un nom dépourvu de sonorité et de prestige, et recourait-il au procédé contraire pour caractériser ses bourgeois, ses artistes, ses gens d'affaires, en un mot, toutes les personnalités moins brillantes de son grand drame.

Dans leur intéressant volume, *le Répertoire de la Comédie humaine*, MM. Cerfberr et Christophe ont dressé la liste de tous les noms inscrits dans l'ouvrage du maître. Quoique le nombre en soit considérable, ce n'est là pourtant qu'une partie de ceux qu'il avait trouvés. D'autres encore, gardés en réserve, selon son habitude, devaient être seulement utilisés quand la conception de l'œuvre à laquelle il destinait chacun d'eux, aurait été assez avancée pour qu'elle pût quitter son cerveau, et naître sous sa plume à la vie des chefs-d'œuvre.

Parmi les sources qu'il a le plus souvent consultées et mises à profit, il faut citer en première ligne l'*Armorial des familles nobles de la France*. Il y recherchait avec soin celles dont les noms étaient éteints, et s'en servait ensuite, en leur faisant tout au plus subir quelques très légères modifications orthographiques ou autres.

Parfois aussi, c'était celui d'une ville, d'une terre ou d'un château qu'il attribuait à toute une famille. Le nom de Langeais, par exemple, porté par un charmant manoir tourangeau, fut ainsi détourné de sa véritable application pour être donné sans scrupule à l'héroïne du second épisode de *l'Histoire des Treize*, et celui de Négrepelisse, que l'orgueilleuse Anaïs, la muse du héros des *Illusions perdues*, avait échangé avec tant

de regret contre le qualificatif bien moins
sonore de Bargeton, est en réalité le nom
d'une ville du Tarn-et-Garonne, connue
surtout par une sorte de cotonnade, fabri-
quée dans ses murs et appelée comme elle.

Il serait facile de multiplier les exemples
d'ingénieuses combinaisons analogues employées par le romancier. Il n'arrivait
cependant pas toujours à saisir d'emblée la
forme définitive du nom qu'il poursuivait.
Ainsi, en 1839, lors de la première mise au
jour de *Béatrix ou les Amours forcés*, de ce
roman qui met en scène des personnalités
bien connues, Balzac ne parvint pas à
trouver absolument la dénomination qu'il
rêvait pour l'héroïne, puisque, dans la version originale de l'ouvrage, il l'appelle
d'abord la marquise de Rochegude. Plus
tard, seulement, il inventa définitivement
pour elle ce nom de Rochefide, si félin,
qu'il semble distiller par chacune de ses
lettres la ruse et la perfidie.

C'est vers 1843 qu'il dut faire cette heureuse découverte, car, à cette date et à propos de modifications à exécuter lors de la réimpression de *Béatrix* et de plusieurs autres œuvres, on peut lire dans un carnet-album, dont nous parlerons plus loin : « Rochefide, au lieu de Rochegude. » Et Balzac hésite encore entre le premier de ces deux vocables et celui de Rochetude !

Peut-être aussi, lors de la première publication de *Béatrix*, la famille de Rochegude existait-elle réellement, et ses membres réclamèrent-ils auprès de l'auteur. A l'appui de ces hypothèses, nous signalons deux volumes fort rares, qui sont signés : de Rochegude. Ils parurent à Toulouse en 1819, et portent pour titres : *Essai d'un glossaire occitanien* et *le Parnasse occitanien*. Nous croyons même qu'une branche tout au moins de cette maison subsiste encore aujourd'hui.

Balzac, en tout cas, ne modifia pas ce

nom dans *un Grand Homme de province à Paris*, ouvrage dans lequel le vieux marquis de Rochegude, possesseur, en 1821, de six cent mille francs de rente, offre sans succès à Coralie, — du moins celle-ci l'affirme, — un coupé et son cœur!

D'autres fois, il s'emparait de noms véritables, en même temps que de leurs adjonctions de titres ou de charges, pour les transformer entièrement, soit en les divisant, soit par tout autre moyen. Ainsi, par exemple, le nom de l'évêque de Pamiers, Henry de Sponde, qui vécut de 1568 à 1643, lui servit à baptiser deux de ses personnages : le Vidame de Pamiers et l'abbé de Sponde.

Il songea pendant longtemps aussi à emprunter à cette famille de Sponde les héros de *la Fleur des pois (le Contrat de mariage)*. Dans cet ouvrage, mademoiselle Cormon devait, s'il faut en croire M. Félix Davin et son *Introduction* aux *Études de*

mœurs, datée du 27 avril 1835, se trouver
« aux prises avec M. de Sponde » ; il ajoute
ensuite : « *La Fleur des pois*, que l'auteur
doit publier incessamment, est encore une
histoire vraie, jumelle d'*Eugénie Grandet*. Là,
le cadre est la province. Mademoiselle Cormon, cette fille qui se marie à quarante ans
avec un fat ; ses malheurs, l'avenir de ses
enfants, composent un drame aussi terrible
par ce que l'auteur dit que par ce qu'il tait.
Ce sera le second chant d'un poème commencé dans *Eugénie Grandet* et que l'auteur
finira, sans doute. Mais à cette fleur odo-
rante et fine, nous devons laisser et l'exquise
fraîcheur de son arome et son velouté. »
Madame de Sponde, — sans doute mademoiselle Cormon, — est également nommée
dans cette même *Introduction*. Mais, pourtant, ni elle ni son mari ne figurèrent
jamais dans *la Comédie humaine*, tandis que
mademoiselle Cormon y devint l'héroïne de
la Vieille Fille. Quant à *la Fleur des pois*, ce

sont de tout autres personnages qui apparaissent dans cette œuvre.

Enfin, lorsqu'il rencontrait un nom réel ayant encore un représentant, mais dont l'harmonie ou l'aspect lui paraissait tout spécialement caractéristique, il avait pour système de l'employer à la première occasion, en lui faisant subir une très légère déformation. Tel, par exemple, celui de Gambara, qui sert de titre à l'une de ses *Études philosophiques*, dans laquelle la musique joue un rôle important.

A cette époque, il y avait à Paris un éditeur de romances, appelé Gambaro, et sans doute, en cherchant bien, on trouverait encore ce nom gravé sur le titre de plus d'une ancienne mélodie italienne. Sa sonorité frappa probablement Balzac, qui s'en empara sans autre forme de procès, se contentant de mettre au féminin sa désinence masculine primitive, afin d'éviter toute possibilité de réclamation.

Néanmoins, il se pourrait aussi que l'auteur de *Gambara*, dont la première apparition remonte à l'été de 1837, eût entendu lors de ses voyages en Italie, — précisément en 1836 et au printemps de 1837, — prononcer ce nom, très connu dans la Péninsule.

Il ne se bornait pas, du reste, à inventer des noms pour les seuls acteurs de *la Comédie humaine*. Il en fabriquait encore pour son usage personnel. Sans parler de lord R'hoone, d'Horace de Saint-Aubin et de tous ses autres pseudonymes de jeunesse, ni de la célèbre : « Madame veuve Durand », nous possédons toute une suite de lettres d'Émile de Girardin, — relatives, en 1836, à la publication de *la Vieille Fille* dans la *Presse*, — qui sont adressées au maître sous le nom d'A. de Pril, au moment où, pour fuir la garde nationale et... les gardes du commerce, il était allé se cacher au n° 13 de la rue des Batailles, à Chaillot. Plus tard, installé à Passy, il se faisait adresser parfois ses lettres sous le couvert supposé d'un M. de Brugnol imaginaire, dénomination dont il avait aussi affublé sa femme de charge, alors que son état civil véritable portait tout simplement le nom de Breugniol.

Nous venons de parler d'un carnet-album où l'auteur de *Pierrette* inscrivait au jour le jour certaines observations relatives à ses œuvres, et surtout à leur réunion dans *la Comédie humaine*. C'est un petit album oblong, recouvert en papier rose gaufré, entièrement composé de feuillets de papier bleuâtre, tout à fait conforme à celui dont il se servait vers 1841-1843, pour ses manuscrits. Cet album porte, imprimé sur papier noir verni, et collé sur le plat de la couverture, cette sorte de titre, divisé conformément au tableau suivant :

Notes
sur le classement et l'achèvement
des œuvres.

———

Personnages. — Armoiries. — Noms.
Changements à faire,
et
oublis.

Par malheur, c'est à peine si quelques pages de cette précieuse relique sont couvertes de l'écriture de Balzac, et plusieurs des sujets indiqués, — les armoiries, par exemple, — n'y sont point traités. Mais, en revanche, on y trouve de très curieux renseignements sur le classement et l'achèvement de *la Comédie humaine*, et toute une série de noms recueillis à l'avance, et destinés à prendre place dans les œuvres futures. Ce carnet-album doit avoir été commencé vers 1841 ou 1842.

Dès les premières pages, immédiatement au-dessous de l'observation, — portant la date de 1843, — que nous avons déjà fait connaître sur la marquise de Rochefide, nous en trouvons une autre, qui est relative à Rastignac, l'un des principaux personnages de ce monde fictif, auquel Balzac a donné la vie supérieure des créations de l'esprit. Mécontent, bien à tort, ce nous semble, de l'aspect ou de l'accentuation de ce nom, l'auteur du *Père Goriot* prend note d'écrire à l'avenir : « Chastignac, au lieu de Rastignac ». Par bonheur, ce changement n'a pas été exécuté, et « Rastignac » a gardé sa résonnance si énergique et d'un accent si âprement cynique.

Rastignac, du reste, n'est pas davantage un vocable inventé, car une demoiselle de La Rochefoucauld-Doudeauville, née à Paris, le 20 décembre 1781, et décédée le 16 novembre 1802, épousa en effet un M. de Rastignac.

Il en est de même pour le nom de Lenoncourt qui, lui non plus, n'est pas imaginaire. En effet, tout au commencement du XVIᵉ siècle, Tours avait pour archevêque Robert de Lenoncourt, et son frère Jean était trésorier du Chapitre de la ville. Balzac n'eut donc pas à chercher loin pour trouver cette famille ni pour la présenter à ses lecteurs, après avoir uniquement ajouté un titre ducal à son état civil authentique. Notons, toutefois, qu'une de ses branches apparaît néanmoins dans *la Comédie humaine* sous le dénominatif modifié de Lenoncourt-Givry.

II

Une autre page de l'album est tout entière
consacrée à l'enregistrement de noms qui,
pour la plupart, n'ont jamais servi. Après
les Savaron de Savarus, les Portenduère,
les Solvet, effacés ceux-là puisqu'ils ont pris
place dans *la Comédie humaine*, nous en trouvons plusieurs autres, dont, ainsi qu'on va le
voir, quelques-uns sont vraiment typiques :

Julia-Eliza.
Courmansel.

Boudias.

Vincent.

Boudron.

Baigles.

Verteil.

Stanislas.

De Mérignac.

Léopold-Joachim.

Dutordoir.

Hurepot.

Élie-Constant.

Puis, au bas de la page, suivis de deux autres non encore inscrits dans l'album, deux de ces noms sont repris et complétés de la manière suivante :

Maréchal Mérignac, duc de Carniole.

Hurepot, comte de Stemberg.

Lenoir, prince de Parme.

Baron Minard.

Quant à ce dernier, nous avons découvert que Balzac le transforma plus tard en baron

Sinard, voulant en faire alors l'un des principaux personnages d'*Entre Savants*, cette grande scène de la vie parisienne inachevée, qui l'occupa si longtemps, et dont il ne subsiste qu'un important fragment, demeuré inédit jusqu'ici. Ce nom de Minard, dépouillé de son titre de baron, se retrouve d'ailleurs dans trois œuvres du maître : *les Employés, Mercadet* et *les Petits Bourgeois.*

Quel intérêt ne présenteraient pas aujourd'hui quelques détails émanés du créateur lui-même sur toutes les individualités auxquelles ces noms étaient destinés, quand on songe quel esprit de suite, quelle réflexion et quelle méthode Balzac, comme on l'a vu, apportait à leur choix, essayant, si l'on peut s'exprimer ainsi, de donner à chacun d'eux une vague similitude extérieure avec la personne morale du type auquel il l'appliquait.

Faute de renseignements quelconques, nous nous sommes amusé à chercher les mots de ces énigmes toutes spéciales, et, sans nous flatter de les avoir trouvés, voici néanmoins quelques-unes de nos inductions.

Balzac aimait, on le sait, les noms composés, tels, par exemple, que celui de Marie-Gaston, des *Mémoires de deux jeunes mariées*. Il les attribuait d'ordinaire à des êtres jeunes, aimants, poétiques, et doués d'âmes nobles et élevées. Nous nous figurons donc Julia-Eliza, Léopold-Joachim et Elie-Constant, — ce dernier dénominatif à rapprocher de Constance-Victoire (madame Hanska), à qui sont ainsi dédiés *les Petits Bourgeois*, — comme les héros d'une œuvre imprégnée uniquement de passion idéale et de poésie, d'une sorte de *Séraphita* française, d'où toute fange terrestre eût été bannie.

Courmansel, au contraire, nous apparaît comme un Parisien pur sang, un homme difficile à persuader et, par conséquent, à duper. Sceptique, habile à l'attaque aussi bien qu'à la défense, il nous attire pourtant par un côté bon enfant, né de sa philosophie supérieure et de la certitude de sa force, qui lui permettent de ne craindre rien ni personne.

Dutordoir, — quel nom heureusement trouvé! — nous ravit surtout par les dessous compliqués qu'il fait prévoir chez celui qui l'eût porté. Nous l'apercevons à merveille, ce Dutordoir, disgracié de sa personne, engagé dans d'innombrables spéculations véreuses et souterraines, — car en ce temps-là on n'opérait pas encore au grand jour, — *détordant* sa nature véritable et la déguisant de mille façons. Bas, fuyant, insaisissable, il aurait sans doute donné bien du fil à retordre à ses victimes dans l'œuvre où le maître l'eût placé.

Et Hurepot? Ne le voit-on pas distinctement abandonner le fond d'une cuisine, certainement sa première patrie, pour s'élancer à la conquête de ce comté de Stemberg que Balzac, on l'a vu, lui destinait comme couronnement de sa carrière! Simple maître-queux au début, mais à coup sûr brave, énergique, décidé, et prêt à se faire casser la... hure au besoin, combien il serait intéressant de connaître les aventures par lesquelles eût dû passer notre Vatel avant d'atteindre à la haute situation que l'écrivain lui réservait, situation quelque peu différente, il faut l'avouer, de sa modeste origine!

En revanche, Boudias n'eût été qu'un simple comparse, un pauvre diable annulé par la misère, décoloré et déteint en quelque sorte par suite des incessantes épreuves qu'il avait subies. Humble, sans nul relief ni personnalité, c'est pour nous une de ces figures sans caractère ni type précis, effacée comme ces fresques trop longtemps exposées aux intempéries et aux outrages des saisons.

Sans vouloir pousser plus loin ce travail d'évocation, remarquons seulement que les quelques noms titrés relevés sur l'album en question, appartiennent exclusivement à la noblesse de l'Empire. Ils se seraient, on peut le croire, retrouvés dans *les Scènes de la vie militaire*, où de grands rôles étaient certainement réservés à leurs possesseurs. Mais ces *Scènes de la vie militaire*, — dont pourtant Balzac, dès ses débuts dans les lettres, et bien avant de songer aux autres séries de ses *Études de mœurs*, s'était tout particulièrement préoccupé, — sont bien regrettablement demeurées les plus incomplètes de son œuvre tout entière.

Nous avons encore retrouvé quelques autres noms restés, pour la plupart, sans titulaires, soit sur les couvertures des manuscrits du maître, soit à la première page d'œuvres malheureusement demeurées à l'état d'ébauches, ou même de simples projets. Il avait pour habitude d'indiquer les principaux personnages de l'ouvrage à naître à peu près de la même façon que les auteurs dramatiques les inscrivent à la première page de leurs œuvres scéniques.

Ainsi, *la Frélore*, étude philosophique, qui dut paraître en 1839, aurait eu pour acteurs :

La Frélore.

Fleurance.

Le Mouflon.

Demonico.

La Girofle.

Picandure.

————

Le Programme d'une jeune veuve :

La comtesse Maxime [de Trailles?].

Sa mère.

Le baron de Listomère, gras et personnel;
quarante-trois ans.

M. Jacquet de Bouillard, quarante-huit
ans.

Finot de La Caillerie.

Le jeune Sommervieux, trente-quatre ans[1].

————

1. Son père seul, on s'en souvient, apparaît dans *la
Comédie humaine*.

Le Théâtre comme il est, première partie : *les Acteurs en province,* ouvrage commencé à Wierzchownia en décembre 1847, et postérieur, par conséquent, à toutes les œuvres de Balzac faisant partie de *la Comédie humaine,* a pour personnages :

Robert Médal.

Florine.

Blanche de Cheylus.

Casimir.

M. et madame de Cheylus.

M. de Boisenard.

Robert Médal, mentionné déjà dans *le Cousin Pons,* aurait joué ici le rôle principal. S'il faut en croire *le Répertoire de la Comédie humaine,* sous ce nom Balzac aurait peint Frédérick Lemaître, le créateur du personnage de *Vautrin* dans le drame dont la chute est demeurée célèbre, de même que le comédien Vignol, des *Illusions perdues,* ne serait autre que Bouffé, le remarquable Grandet de *la Fille de l'avare*, pièce tirée, comme on sait, par MM. Bayard et Paul Duport, d'*Eugénie Grandet*, et représentée pour la première fois le 7 janvier 1835.

Un Caractère de femme, également commencé à Wierzchownia à la fin de 1847, serait certainement devenu une œuvre très considérable, à en juger du moins par le grand nombre de figures diverses qu'elle devait comporter. En voici les noms, dont quelques-uns sont tout à fait originaux :

Monseigneur d'Escalonde.
L'abbé Veyraz.
L'abbé Pilaud.
L'abbé des Fournils.
Pilaud, neveu, procureur du roi.
Chambrier, président.
Du Courroy, juge d'instruction.
Du Courroy, notaire.

Sautereau, notaire.

Des Griveaulx, maire (beau-frère de des Fournils).

Des Griveaulx fils, capitaine de gendarmerie (neveu de des Fournils).

M. Chambrier, banquier (absent).

Achille Chambrier, son fils.

Colonel Sautereau.

Lespanou.

Coriol, ancien premier commis
Madame Coriol } (Monfrey).

Coriol, juge suppléant (père).

Des Griveaulx fils, substitut.

Bomard, lieutenant des douanes.

Des Griveaulx, receveur des contributions (frère).

Monfrey, médecin.

Monfrey [fils ?].

Madame Monfrey.

Le comte de Rillière, député de l'arrondissement, marié à mademoiselle d'Yzambal.

L'abbé de Rillière.

Le vicomte de Rillière (vingt-cinq ans).

Madame Chambrier d'Escalonde.

Lucrèce et Virginie [ses filles].

Madame Chambrier-Sautereau. D'où le
    colonel.

La Michelette, ouvrière.

Fillion, domestique de monseigneur.

Germinet, domestique de madame Cham-
    brier.

La Baptiste, cuisinière de madame Cham-
    brier.

———

Voici, enfin, un titre d'ouvrage demeuré,
comme tant d'autres, à l'état de projet. Nous
le transcrivons ici tout à fait conforme à
l'autographe que nous avons sous les yeux,
en respectant même scrupuleusement la di-
vision de ses lignes :

La curieuse biographie
de
Beatus Cristoforis,
ou
Monographie de la Vertu,
enrichie de dessins drolatiques, vignettes
singulières, embellissements graphiques et
nouvelles arabesques, comprises dans
le texte,
écrite par **M.** de Balzac,
mise en œuvre
par Messieurs X***,
et publiée
par***.
1839-1840,
à
Paris.

Comme genre et composition, on peut rapprocher ce titre des deux suivants. C'est également en 1839 que nous trouvons l'indication

du second, parmi les œuvres annoncées sous presse à la fin du premier volume de l'édition originale d'*Un Grand Homme de province à Paris*. Quant au premier, il fait partie des publications promises au public par le catalogue de la librairie Charles Gosselin qui porte la date de janvier 1833. Mais ces ouvrages eurent malheureusement le même sort que *Beatus Cristoforis*, et ne furent jamais mis au jour :

Histoire Véridique

de

la succession du Marquis de Carabas

dans

le fief de Cocquatrix.

Deux volumes in-octavo, ornés de vignettes de Johannot.

Pathologie

de

la vie sociale,

ou

méditations chimiques, physiques, mathématiques et transcendantes, sur les manifestations de la pensée prise dans toutes les formes que lui a données l'état social, soit par le vivre et le couvert, soit par la démarche et la parole, etc., etc.

Deux beaux volumes in-octavo.

———

Sur la couverture du manuscrit projeté de cette monographie, Balzac a modifié ainsi la fin de son titre : « Soit par la démarche et l'hippiatrique, soit par la parole et par l'action, soit par le silence, etc. »

Nous pensons avoir suffisamment démontré de quelle richesse d'imagination disposait Balzac, aussi bien au point de vue spécial de

l'invention et du choix des noms de ses personnages, qu'à celui de la conception des
œuvres où il les faisait agir. Mais, cependant,
les traits principaux de plusieurs d'entre
eux ont fréquemment appartenu à des individualités réelles, prises sur le vif, et placées
souvent sans leur aveu dans la galerie du
grand peintre d'âmes. Nous allons présenter
le tableau de quelques-uns de ces héros malgré eux, qui, ressemblants ou non, sont
entrés dans *la Comédie humaine*, et nous pla-
cerons en regard de leurs noms celui des
types imaginaires dont Balzac s'est servi pour
les incarner plus ou moins complètement :

George Sand,	Mademoiselle des Touches.
La comtesse d'Agoult,	La marquise de Rochefide.
Liszt,	Conti.
Gustave Planche,	Claude Vignon.
Delacroix,	Joseph Bridau.

A. de Lamartine,	M. de Canalis.
M. Thiers,	Rastignac, et Henri de Marsay.
Lherminier,	La Palférine.
Léon Gozlan,	Nathan.
Ladvocat, libraire,	Dauriat.
Henri Monnier,	Phellion [1].

Les Études de mœurs contiennent encore bon nombre d'autres portraits d'après nature, et l'auteur de *César Birotteau*, dans ses lettres publiées ou inédites, dévoile le nom de quelques-uns de leurs modèles. Aussi, en cherchant bien, trouverait-on en outre dans

---

1. Et non Bixiou, comme nous l'avons dit par erreur dans nos *Lundis d'un Chercheur*. Nous emprunterons encore deux indications du même genre au maître actuel de tous les éditeurs de documents exacts et précis, à M. Edmond Biré. Nous les extrayons de sa remarquable étude sur *Balzac royaliste*, insérée en mars 1895 dans le *Correspondant*.

M. Guillonet Merville,	Derville, avoué.
L'abbé Hinaux,	L'abbé Loraux.

On remarquera que le premier de ces noms, inexactement orthographié : *Guyonnet Merville* par Balzac lui-même, figure sous cette forme altérée en tête de la dédicace d'*Un Épisode sous la Terreur*. 1896.

ses œuvres, les images, plus ou moins fidèles, entre autres de Dablin, le vieil ami de la famille Balzac, de la marquise de Castries et de la comtesse Emile Guidoboni-Visconti.

Fort probablement aussi faut-il ajouter, pour certains côtés du personnage de la Palférine, le nom de Lautour-Mézeray à celui de Lherminier, et chercher tout au moins quelques traits de la personnalité d'Émile de Girardin sous le masque peu flatteur de Ferdinand du Tillet. Enfin, *le Répertoire de la Comédie humaine* attribue une part de réalité au personnage de madame Vaillant, la femme de ménage dont il est question dans *Facino Cane* et dans *César Birotteau*. Si cette hypothèse est exacte, il s'agirait alors de la Mère Comin, l'*Iris messagère*, dont Balzac parle fréquemment dans ses lettres de jeunesse adressées à sa sœur.

Mais une des figures les plus complètement empruntées par le maître à la réalité serait, paraît-il, celle de Mercadet. Il faut se souvenir que *Mercadet*, écrit en 1839, ne fut pourtant représenté qu'en 1851, un an après la mort de Balzac, lequel aurait voulu, dit-on, peindre sous ce nom l'un des grands brasseurs d'affaires de cette époque déjà lointaine, Victor Bohain, mort en 1856. Cet audacieux spéculateur avait été tour à tour directeur du *Figaro*, préfet de la Charente, associé à la direction simultanée de quatre théâtres parisiens, et fondateur de l'*Europe littéraire*, recueil où Balzac commença, mais n'acheva pas, la première impression d'*Eugénie Grandet*. Malgré toutes ses habiletés, moins heureux que Mercadet, Bohain aurait, s'il faut en croire la légende, fini par la faillite.

Voici, du reste, en quels termes un journal du temps fait connaître l'intention qu'aurait eue Balzac de le prendre pour modèle du héros de son œuvre, dont le titre primitif était : *les Faiseurs*, mais qui fut jouée, le premier soir, sous celui de *Mercadet le Faiseur*, qu'elle n'a pas conservé tout entier.

« Balzac, disait-on, en écrivant cette comédie, avait voulu retracer la vie d'un homme qui fut préfet et directeur de théâtre. Cet homme, on le savait, possédait parfaitement la science des expédients et des ressources en matière commerciale ; il avait dépensé en affaires d'argent autant d'esprit que Talleyrand en diplomatie, et que Napoléon en gouvernement. Cependant, après avoir lutté avec ses créanciers, après les avoir pétris comme s'ils eussent été en caoutchouc, il était tombé sous la faillite [1]. »

1. Nous croyons devoir noter ici que cette citation semble s'appliquer à Harel, l'ancien directeur du théâtre de la Porte-Saint-Martin, tout aussi bien qu'à Victor Bohain. Harel, en effet, avait été préfet des Landes avant de prendre la direction de la scène où il se ruina, et ses longs embarras d'argent, sa faillite et ses expédients pour échapper à ses créanciers, sont demeurés célèbres. Il est mort misérablement à Châtillon, près de Paris, en 1846, dans une maison d'aliénés. Balzac, dont il fit en 1840 représenter le *Vautrin*, l'avait beaucoup connu, et l'hypothèse que les principaux traits du type de Mercadet seraient empruntés à ce véritable personnage de comédie, — ainsi que nous l'a fait remarquer notre érudit confrère, M. Charles Glinel, le *scoliaste* d'Alexandre Dumas père, — est également fort plausible.

1896.

C'est à la *Revue et Gazette des Théâtres* du 24 août 1851 que nous empruntons ces lignes, où deux choses, on le voit, sont passées sous silence : le nom réel du personnage, encore vivant à cette époque, et la raison de l'inimitié que Balzac devait lui avoir vouée pour jeter ainsi sa vie en pâture à la foule. L'interruption d'*Eugénie Grandet*, en 1833, jointe au souvenir de certaine opération de librairie, dont nous avons parlé dans le récit précédent, longtemps projetée entre *le faiseur* et l'écrivain, puis définitivement abandonnée, avaient peut-être développé chez le bouillant Honoré un de ces sentiments d'hostilité qui l'envahissaient tout entier quand il se croyait trompé.

A défaut de renseignements sur ces points, la *Revue et Gazette des Théâtres* du 28 août suivant nous rappelle du moins un fait curieux et aujourd'hui tout à fait oublié, c'est-à-dire qu'après sa première représentation au Gymnase, le samedi 23 août 1851, — et non le 24, comme l'indique inexactement la brochure, — *Mercadet* faillit être défendu, et la pièce définitivement interdite. Le lendemain dimanche, le théâtre donna un spectacle coupé; il fit relâche le lundi, et ce ne fut pas sans peine que l'ouvrage put enfin reparaître le mardi sur l'affiche.

Voici, du reste, en quels termes la *Revue et Gazette des Théâtres* raconte l'incident :

« Au moment où nous annoncions le grand succès obtenu par le drame de *Mercadet*, le bruit se répandit tout à coup que l'ouvrage était arrêté par ordre supérieur. Cette mesure avait été prise, assure-t-on, dimanche matin ; et, en effet, lundi 25, l'affiche du Gymnase dramatique offrait ce sinistre et unique mot, en lettres capitales : *Relâche.*

» Le soir même, la *Patrie* [datée du mardi 26] publiait cet article rassurant qui était répété le lendemain par tous les grands journaux :

9.

» *Le bruit s'est répandu aujourd'hui qu'un ordre de M. le ministre de l'intérieur avait interdit les représentations de Mercadet, drame posthume de M. de Balzac, joué samedi dernier au Gymnase. C'est une erreur. Quelques observations ayant été faites sur cette pièce, M. le ministre de l'intérieur a voulu la lire lui-même, afin de juger personnellement si ces observations étaient ou n'étaient pas fondées, et il a simplement prescrit la suspension des représentations jusqu'à ce qu'il ait pris une résolution.*

» CHARLES SCHILLER. »

» Et, dès le lendemain [26], on lisait dans la *Patrie* [datée du mercredi 27] :

» *La pièce du Gymnase (Mercadet), suspendue hier par ordre de M. le ministre de l'intérieur, a reparu aujourd'hui sur l'affiche après avoir subi quelques changements.*

» Nous sommes heureux de ce dénoûment. Il eût été cruel de voir la direction du Gymnase privée des résultats avantageux que doit lui procurer l'œuvre du célèbre romancier, si bien comprise, si bien rendue par les pensionnaires de M. Montigny.

» Beaucoup de bruits ont couru au sujet de cette suspension momentanée. Il paraît que le premier jour les acteurs, par suite d'un *excès* de mémoire, ont eu l'imprudence de livrer au public des mots, des passages qui avaient été supprimés par la commission d'examen.

» Ce fait est grave. Nous ne saurions trop engager les artistes à ne pas compromettre les intérêts de leurs directeurs par de semblables oublis. L'autorité est armée de mesures de répression très sévères, et il est inutile de la mettre dans le cas d'en faire usage.

» Mais, d'un autre côté, nous dirons à l'autorité de ne pas pousser jusqu'à l'extrême les conséquences de son droit. Lorsqu'une pièce a été approuvée par la commission d'examen, lorsqu'elle a été autorisée, représentée sans exciter le moindre désordre, le moindre scandale, pourquoi la suspendre, menacer de l'interdire? Les intérêts des directeurs, des auteurs, des artistes seraient sacrifiés s'il en pouvait être souvent ainsi. A la commission, une omnipotence complète avant la représentation d'un ouvrage; mais, quand il a été examiné, approuvé, il faut que le gouvernement accepte la position qu'il a faite lui-même. D'extrêmes désordres pourraient seuls justifier sa conduite dans un semblable cas exceptionnel.

» M. d'Ennery, qui ne dissimule plus le rôle de collaborateur de Balzac dans cette affaire, a dû se donner beaucoup de mouvement pendant vingt-quatre heures pour conjurer l'orage qui menaçait *Mercadet*. Ses démarches, celles de M. Montigny, quelques concessions faites à propos, ont eu un heureux résultat.

» Les souvenirs de *Turcaret*, de *l'Agiotage*,

de *Duhautcours* et de tant d'autres ouvrages
où les mœurs d'une certaine partie de la
société ont été présentées sous un triste, mais
véritable jour, n'ont pas peu contribué sans
doute à la favorable décision du ministre. La
comédie ne peut vivre que de travers, de
vices, de ridicules, et, en vérité, le monde
de la Bourse et des affaires est si riche, sous
ce rapport, qu'il ne doit pas se plaindre s'il
est montré de temps en temps au public tel
qu'il est.

» POMMEREUX. »

On le voit, ce ne fut donc pas sans difficultés ni sans luttes, que Mercadet put con-
tinuer à montrer sur la scène du Gymnase
son visage ou son masque, comme on
voudra.

Qui sait d'ailleurs si cette tentative d'in-
terdiction n'était pas un expédient de la
dernière heure provoqué par l'ancien préfet,
dans l'espoir de parer de cette manière les

redoutables coups de plume, allusionnels ou directs, de Balzac, et de se soustraire aux éclats de ses terribles rancunes, dont presque tous ses éditeurs, Sainte-Beuve, H. de Latouche, Buloz et bien d'autres, connurent les formidables violences? Mais il est juste de reconnaître que l'indignation du maître, à propos de plusieurs des personnes que nous venons d'indiquer, avait eu pour origine des causes qui la rendaient absolument légitime.

20-30 novembre 1894.

III

LES AVATARS

D' « UN DÉBUT DANS LA VIE »

Le 18 septembre 1841, Honoré de Balzac, qui s'était retiré 19, rue Basse, à Passy, quelque temps après son départ des Jardies, recevait la lettre suivante :

« Monsieur,

» Je viens vous prier d'avoir la complaisance de vouloir bien m'accorder un rendez-vous aux jour et heure qui vous conviendront. J'ai une demande à vous faire concernant le *Musée des Familles*.

» Agréez, monsieur, l'assurance de ma considération la plus distinguée.

» PIQUÉE. »

M. Piquée était, à cette époque, le directeur du *Musée des Familles*, et M. Samuel Henri Berthoud son rédacteur en chef.

Le rendez-vous demandé aboutit ; Balzac promit sa collaboration, et, au mois de mai 1842, — une lettre inédite du maître à madame Hanska, écrite du 27 avril au 15 mai 1842, précise absolument cette date, — le grand écrivain traita avec le *Musée des Familles* pour la publication d'une nouvelle : *Un Voyage en Coucou*.

L'idée première en avait été fournie par sa sœur, madame Surville, et l'ouvrage à naître devait alors avoir pour titre : *les Jeunes Gens*. Une des épreuves porte aussi celui de : *le Clerc en Voyage*. Mais il fut aussitôt raturé et ne reparut plus. Madame Surville publia, du reste, une œuvre personnelle sur le même sujet intitulée aussi : *le Voyage en Coucou*. Elle fait partie de son livre : *le Compagnon du Foyer*. Les deux plans sont identiques, et la comparaison entre les récits du frère et de la sœur est fort intéressante à faire.

Madame Surville tenait d'ailleurs, et très justement, à sa part dans l'œuvre de Balzac. Nous lisons à ce sujet les lignes suivantes écrites par elle à la fin de la préface, demeurée inédite, du *Compagnon du Foyer* :

« Je terminerai cette préface en faisant remarquer que *le Voyage en Coucou* a eu l'insigne honneur d'inspirer le *Début dans la vie* à ce savant alchimiste qui convertissait le strass en diamant. C'est pour cela que cette pierre précieuse de son riche écrin m'a été dédiée.

» Paris, février 1854.

» LAURE SURVILLE, née DE BALZAC. »

Pour une raison restée inconnue, — à cause sans doute de certains côtés un peu trop naturalistes de l'ouvrage pour le timide *Musée des Familles* de ce temps-là, — un *Voyage en Coucou* fut rendu à Balzac le 29 mai 1842. Voici la pièce authentique, écrite de sa main, relative à l'échange de ce manuscrit contre une autre nouvelle, un fragment important de *Madame de la Chanterie* (*l'Envers de l'Histoire contemporaine*) :

« Reçu de M. de Balzac une nouvelle intitulée : *les Méchancetés d'un Saint*, d'une contenance de dix-huit feuillets, en remplacement de sa nouvelle intitulée : *Un Voyage en Coucou*, sans préjudice de celle que devra M. de Balzac pour solder son compte avec le *Musée des Familles*, à raison des sommes reçues par lui, et de la composition de la nouvelle rendue par le *Musée des Familles*, aux termes de ses conventions avec M. de Balzac.

» Paris, le 29 mai 1842.

» *Approuvé l'écriture ci-dessus.*

» PIQUÉE. »

Balzac reprit donc son récit, l'augmenta d'une partie très importante, et le publia dans *la Législature*, journal aujourd'hui rarissime, sous le quatrième titre de : *le Danger des Mystifications*. La publication commença dans le premier numéro, le 26 juillet 1842, et dura jusqu'au 4 septembre suivant.

Selon son habitude, Balzac avait pris ses précautions. Toujours désireux de rentrer le plus tôt possible en possession de ses œuvres après leur achèvement en feuilletons ou dans les revues, il avait demandé, comme garantie de ses droits, la lettre suivante au directeur de *la Législature*, M. Théophile Féburier :

« Paris, le 21 juillet 1842.

» Monsieur,

» J'ai reçu neuf chapitres, — dont le dernier n'est pas encore terminé, — d'un roman intitulé : *le Danger des Mystifications,* dont vous êtes l'auteur. Je reconnais que vous vous êtes réservé le droit de rentrer dans la propriété de votre œuvre huit jours après la publication du dernier chapitre.

» Veuillez trouver ici, monsieur, les assurances de ma très haute considération.

» TH. FÉBURIER. »

Puis, cette seconde lettre, qui précise les conditions matérielles de la publication :

« Paris, le 27 juillet 1842.

» Monsieur,

» Il résulte effectivement de la conversation que nous avons eue ensemble que votre nouvelle intitulée : *le Danger des Mystifications*, dont j'ai acquis le droit d'insertion dans *la Législature*, vous sera réglée à raison de un centime par lettre, plus trois cents francs pour toute indemnité de correction.

» Veuillez agréer, monsieur, les assurances de ma très haute considération.

» TH. FÉBURIER. »

On voit par ces lettres inédites que Balzac n'avait livré d'abord que neuf chapitres à peine de son récit. Or, *Un Voyage en Coucou* s'arrêtait précisément à ce même nombre de chapitres, — en y comptant une courte *Conclusion*, — mais ne comprenait pas tous les développements du neuvième dans *la Législature*. La *Conclusion* du premier manuscrit de l'œuvre se terminait, — après la scène entre le comte de Sérisy, Moreau et le jeune Oscar Husson s'obstinant à ne pas demander son pardon, — par ces quelques lignes inédites, très développées aujourd'hui dans le chapitre neuvième :

« Moreau reprit Oscar et l'emmena chez lui, pendant qu'on allait à Beaumont chercher des chevaux de poste, et qu'il écrivait à madame Clapart une lettre qui expliquait la cause du renvoi de son fils, et que le valet d'écurie de Moreau devait remettre en accompagnant Oscar. Quelle scène pour la Mère !

» H. DE BALZAC. »

Des remaniements importants furent faits à ce dénouement sur la première épreuve du *Voyage en Coucou*. Balzac y ajouta tout le début du chapitre neuvième (remplaçant sa première *Conclusion*), jusqu'à la phrase où madame Clapart envoie coucher son fils Oscar, et dit à M. Clapart, son second mari : « Ne le rendez pas fou » ; puis une autre et curieuse *Conclusion*, demeurée inédite, dont nous parlerons à la fin de notre travail. Mais toute la seconde partie du neuvième chapitre fut écrite seulement pour la publication du *Voyage en Coucou* dans *la Législature*, sous son nouveau titre : *le Danger des Mystifications*.

Par malheur, le manuscrit et les épreuves du *Voyage en Coucou* ont seuls été conservés par Balzac. Ceux de toute la fin de l'ouvrage écrite à l'intention de *la Législature*, ont disparu, et sans doute pour jamais.

Un Voyage en Coucou avait été composé à l'imprimerie du *Musée des Familles*, chez Hennuyer et Turpin, rue Lemercier, 24.

Mais, on l'a vu, Balzac restait débiteur de ces frais de composition, dont le compte lui fut fourni le 21 juin 1842 ; nous le transcrivons ici d'après l'original :

Première composition article Balzac, deux mille six cent cinquante-trois lignes . . . . . . Fr.	108	»
» Quatre placards.	6	»
» Deuxième composition, trois mille trois cent soixante lignes . .	137	»
» Cinq placards	7	50
» Troisième composition, quatre mille trente-cinq lignes	157	50
» Sept placards.	10	50
» Quatre-vingt-deux heures de corrections, à soixante-quinze centimes l'heure.	61	50
» TOTAL. . . . Fr.	488	»

En cédant son œuvre à *la Législature,* Balzac s'arrangea pour se débarrasser de ces frais, et décida le journal à se servir de la composition préparée pour le *Musée des Familles*. Il en résulta le plus bizarre spécimen d'impression de feuilletons, le seul existant, à notre connaissance, dans ces conditions. Sur les vingt feuilletons formant l'ouvrage complet, les neuf premiers sont imprimés à l'imprimerie Hennuyer et Turpin, et les onze derniers à celle du journal, chez Caubet, 9, rue du Cadran, sans doute le successeur d'Éverat. Cela produit, dans *la Législature*, une différence complète d'aspect typographique entre les deux parties de l'œuvre.

Le Danger des Mystifications contient quatorze chapitres, dont voici les titres :

1. *Ce qui manquait à Pierrotin pour être heureux.*
2. *Le Régisseur en danger.*
3. *Les Voyageurs.*
4. *Le Fils du fameux Czerny-Georges.*

5. *Où Mistigris se distingue.*

6. *Le Drame commence.*

7. *Intérieur du ménage Moreau.*

8. *Le Dénouement du Drame*[1].

9. *Douleurs de Mère.*

10. *L'Oncle Cardot.*

11. *La Vie et les Farces de la Bazoche.*

12. *La Comtesse de las Florentinas y Cabirol.*

13. *Autre Catastrophe.*

14. *Conclusion.*

En imprimant pour la première fois son œuvre en volumes, sous le cinquième titre, resté définitif, d'*un Début dans la Vie* (deux volumes in-octavo, Dumont, 1844), Balzac changea celui du chapitre quatorze, qu'il intitula : *Dernières fautes d'Oscar.* Malheureusement, dans *la Comédie humaine*, tous les titres de chapitres ont disparu. Cela rend les recherches bibliographiques très difficiles

---

1. Dernier chapitre du *Voyage en Coucou.* Ce titre indique bien la fin de l'œuvre primitive.

à entreprendre, et les points de repère presque impossibles à préciser.

Madame de Balzac, la veuve du grand écrivain, donna le manuscrit et les épreuves du *Voyage en Coucou* à M. Bourdilliat, — le fondateur, avec M. Jacottet, de la Librairie Nouvelle, — en guise de remerciement pour l'édition des œuvres de son mari, publiée par eux à partir de 1858, en quarante-cinq volumes in-dix-huit, à un franc le volume. Disons, en passant, que, si cette charmante édition, — dont chaque volume revenait, paraît-il, pour droits d'auteur, composition et tirage, à onze mille francs ! — ne fut pas rémunératrice pour son premier éditeur, elle le fut pourtant dès lors pour madame de Balzac. M. Bourdilliat communiqua le placard six de la première épreuve du *Voyage en Coucou* à Chamfleury, qui en a donné un fac-similé dans sa brochure : *Balzac, sa méthode de travail d'après ses manuscrits* (in-vingt-quatre. Patay, 1879).

Il nous reste à citer maintenant la *Conclusion* inédite de Balzac, dont nous avons parlé plus haut en racontant les remaniements qu'il exécuta sur la première épreuve de son *Voyage en Coucou*. Le dénouement primitif, déjà modifié aussi, fut complété par cette *Conclusion*. Mais, dans les nouvelles transformations que subit l'ouvrage pour paraître dans *la Législature*, ces pages ne purent être employées à la fin de l'œuvre, ainsi augmentée et modifiée. Elles disparurent donc et demeurèrent inédites. L'autographe seul fut heureusement conservé, et joint aux épreuves d'*un Voyage en Coucou*. Ce morceau devait se placer, il faut s'en souvenir, après la première moitié environ du neuvième chapitre : *Douleurs de mère*, allant alors jusqu'aux mots : « Ne le rendez pas fou. »

Nous laissons maintenant la parole au maître.

10.

CONCLUSION

« Neuf ans après ce voyage, qui marqua dans la vie des quatre jeunes gens que le hasard avait réunis sur la route de l'Isle-Adam, le hasard se plut à les réunir encore, non plus en voiture, mais presque dans le même lieu.

» En 1831, le comte de Sérizy, retiré seul à sa terre de Presles, après la Révolution de Juillet, vint faire un tour à la fête de l'Isle-Adam, qui se célèbre dans un endroit appelé *le Pâtis*, terroir communal où, sans doute, paissaient jadis les troupeaux des paysans, quand il y avait des paysans à l'Isle-Adam. Aujourd'hui, *le Pâtis* est une place plantée d'arbres au bord de l'Oise, et au bout de laquelle se trouve une salle de verdure où l'on danse les dimanches, pendant la belle saison.

» Le comte était accompagné de Joseph Bridau, devenu l'un des premiers peintres de l'école moderne, de Léon de Lora, le plus remarquable de nos paysagistes, auquel il venait enfin de faire donner la croix de la Légion d'honneur, et qu'il avait invités à passer quelques jours à Presles.

» A soixante-dix ans, avec ses infirmités, le comte était si changé qu'il eût été difficile à aucun des acteurs du drame qui se passa jadis à son château, de le reconnaître.

» Il en était de même de Joseph Bridau, de Léon de Lora.

» Le premier, devenu plus grand peintre que Schinner, de qui jadis il avait pris le nom, a je ne sais quoi de détruit, de dévasté dans le visage, qui annonce ses luttes, ses souffrances, ses travaux, et font de sa physionomie un spectacle quasi volcanique[1].

» Quant à Léon de Lora, qui jamais eût reconnu dans un élégant et ravissant dandy le rapin qu'il était à dix-sept ans? Mistigris

[1]. On reconnaît aisément dans ce portrait la physionomie tourmentée d'Eugène Delacroix.

n'existait plus, même à l'état de souvenir. Mais Léon n'avait point perdu cette fine fleur de gaieté, cet esprit pointu, brillant, à la façon des lames de canif, qui distingue les peintres.

» Le talent rendait les deux artistes presque les égaux de ce vieux grand seigneur, l'un des trois administratifs de Napoléon, et le comte leur donnait à chacun le bras, en s'appuyant sur tous les deux.

» Ils arrivèrent ainsi, sur les huit heures du soir, derrière la foule qui entourait la salle ronde où l'on dansait à la lumière des verres de couleur et des quinquets.

» Au moment où ils arrivèrent, quelques personnes écoutaient en riant un grand jeune homme, d'environ trente ans, qui racontait les événements de la Révolution de Pologne, d'où, disait-il, il revenait.

» — Ah! bien, celui-là, dit Joseph à Léon, est resté *blagueur*.

» Ce mot, dit assez haut, attira l'attention

du dandy, qui regarda les trois arrivants et qui, reconnaissant le comte, devint muet comme un poisson.

» — Que fait ce monsieur qui pérorait là? demanda le comte à une jeune femme.

» — C'est, je crois, le fondateur d'une Compagnie d'assurances à primes, inventée pour donner des dots aux filles, et payer des remplaçants aux jeunes gens tombés au sort. Il est venu faire des affaires ici, et mon mari l'a reconnu pour l'avoir vu dans une circonstance à laquelle il a dû d'avoir de la discrétion pour le reste de ses jours...

» — Qui est votre mari, madame ? dit le comte.

» — M. Husson, le notaire de l'Isle-Adam.

» — Et de qui êtes-vous la fille ?

» — De M. Léger.

» — Ma foi, oui, dit Léon, je reconnais encore le père Léger.

» Entendant prononcer son nom d'une façon si leste, le gros fermier, à demi millionnaire, se retourna, reconnut le comte, et salua très humblement.

» — Ah ! Moreau a fini par faire quelque chose de ce petit Husson ?

» — Oui, monsieur. Mais que ne ferait pas M. Moreau de Grèves ? Le voilà député.

» — Ah ! c'est mon ancien régisseur qui est M. de Grèves ?

» — Oui, monsieur le comte. Il a voulu se distinguer de tous les Moreau... Son fils est notaire à Paris ; sa fille est mariée au fils de M. Camusot, pair de France, et son cadet est receveur général à Pau... Il vient bien rarement ici. Mon gendre fait ses affaires.

» — Hé bien, la leçon a profité, dit le comte aux deux artistes.

» — Oui, monsieur le comte, dit maître Husson, qui vint rejoindre sa femme, en amenant sa vieille mère à laquelle il donnait le bras.

» H. DE BALZAC. »

Balzac n'avait pas, comme on peut le voir en comparant ces lignes avec la fin d'*un Début dans la Vie*, de parti pris bien arrêté quant aux alliances de ses personnages. L'œuvre publiée enregistre, en effet, des unions très différentes de celles inscrites dans cette *Conclusion*, et les mariages consacrés ici n'ont pas tous été maintenus dans *la Comédie humaine*. Le grand écrivain a cru, sans doute, trouver plus tard, pour les fils de son génie, de meilleurs partis encore et de plus hautes positions sociales.

8-12 mars 1892.

IV

UNE ÉTUDE IMPARTIALE

H. DE BALZAC.

(1836)

UNE ÉTUDE IMPARTIALE

SUR

H. DE BALZAC.

(1836)

Les pages qui vont suivre ont leur histoire. Publiées pour la première fois dans la *Gazette de France* des 11, 17 et 24 février 1836, elles y font partie d'une série d'*Études littéraires* dont les deux premiers articles sont consacrés à *Bossuet*, et ne portent pour signature qu'une simple initiale, la lettre N.

Or, le véritable auteur de ce jugement sur Balzac n'est autre que M. Alfred Nettement, dont les importants ouvrages sur la littérature française pendant le règne de Louis-Philippe sont connus de tous, et font autorité parmi les nombreux documents relatifs à cette période de l'histoire littéraire de la France.

On n'a pas oublié non plus avec quelle malveillance et quelle partialité Balzac fut attaqué par presque tous les critiques de son temps. Nous l'avons d'ailleurs déjà rappelé dans ce volume. Aussi ces articles, écrits avec une grande loyauté, lui causèrent-ils une véritable joie.

Un dernier chapitre, annoncé par l'auteur comme complément de son travail, et consacré à Balzac peintre du cœur de la femme, n'a malheureusement jamais paru.

Malgré les réserves que contient cette étude, réserves toutes naturelles étant donné les opinions accentuées du journal qui la mettait au jour pour la première fois, on y sent percer à chaque ligne l'admiration que le grand écrivain inspire à son juge.

Balzac fut si touché de ce témoignage de sympathie qu'en rendant compte, le 2 juin

1836, du procès qu'il venait de gagner contre
la *Revue de Paris*, il s'empressa d'exprimer sa
vive gratitude pour la droiture et la sincérité
dont, à propos de ses œuvres, son critique
avait fait preuve. On sait que le plaidoyer
du grand écrivain servit ensuite de préface
à la première édition du *Lys dans la vallée*.
Voici ses propres termes :

« ... Toutefois, dans *la Gazette de France*,
récemment, un homme d'un beau talent, un
vigoureux critique, sans déguiser sa pensée
sur mes œuvres, les condamnant ou les ap-
prouvant à son gré, a pris mon parti contre
ces lâches qui viennent effrontément s'asseoir
chez moi sans y être jamais entrés, raconter
ce qui s'y passe, ce qui s'y fait, y clouer de
prétendus tapis, y poser des divans fantas-
tiques, m'habiller des laquais, me vernir des
carrosses, après avoir porté le désordre dans
mes petites affaires. Critiquer les meubles de
l'auteur, pour se dispenser de parler de ses

livres, est une des faces de la polémique littéraire ! Que M. A. N. trouve ici l'expression
de ma reconnaissance pour sa politesse. Etc. »

Chose étrange, cette critique sincère, et,
malgré ses restrictions, empreinte d'un grand
esprit de justice et d'équité relativement à
la nature et aux intentions de l'écrivain,
cette critique n'a jamais été recueillie en
volume. Aussi, malgré nos scrupules personnels à propos de l'insertion dans notre livre
d'une aussi longue citation, avons-nous cru
bien faire en cédant au désir de plusieurs
fervents balzaciens et en remettant ici sous
les yeux du lecteur, — après soixante ans
bientôt écoulés, — un si précieux témoignage,
écrit avec impartialité pendant la vie même
de Balzac. A ce point de vue, il est malheureusement presque unique, jusqu'à la mort
du maître, parmi les jugements que ses contemporains ont portés sur lui.

S. L.
27 avril 1895.

LES MODERNES

M. DE BALZAC

I

En commençant ces études, nous avons contracté l'engagement de prendre les hommes qui en seraient l'objet, tantôt parmi les gloires du passé, tantôt parmi les renommées du présent : nous sommes trop admirateurs de Bossuet et trop ami de M. de Balzac, pour ne pas dire que c'est à ce seul motif qu'il faut attribuer une succession de noms qui, au premier abord, a quelque chose d'étrange. Quoi qu'il en soit, ces contrastes qui seraient un défaut dans un livre, seront peut-être un avantage dans un journal. Il faut aux lecteurs des publications périodiques des émotions rapides et variées. les esprits nourris de tous les changements qui se font dans la politique, ont faim et soif de l'imprévu ; ils aiment un journal comme une montre fidèle qui marque les secondes et les minutes de l'histoire, et comme un baromètre qui annonce les brusques variations de l'atmosphère. Il faut leur parler un peu du présent, beaucoup de l'avenir, rarement du passé. Nos études sur les grands hommes du dix-septième siècle nous feront pardonner, par quelques bons esprits, l'examen bien souvent stérile des célébrités contemporaines ; mais auprès de combien de personnes une étude sur M. de Balzac ne nous servira-t-elle pas d'excuse, après deux méditations sur Bossuet ?

Nous faisons cette réflexion sans aucune intention d'épigramme et seulement dans le but de prévenir le reproche que nous aurions pu encourir, si nous nous étions précipités des hauteurs *bossuétiques* dans les gouffres de la littérature actuelle, sans avoir nous-même exprimé tout ce qu'une pareille transition a d'insolite et de tranché.

Certes, M. de Balzac n'est point un esprit vulgaire ; nous dirons même que c'est un des écrivains les plus remarquables de l'époque, et par ses qualités et surtout par ses défauts. Sa vie a quelque chose de particulier et d'original qui ne se retrouve nulle part. Il y a déjà bien des années qu'à peine sorti de l'enfance cette intelligence féconde entassait avec une incroyable profusion des ouvrages condamnés au silence de l'oubli. On eût dit qu'avant de produire quelque chose de régulier, elle avait besoin de se débarrasser d'une surabondance de sève, et qu'elle s'émondait elle-même. C'était, si nos souvenirs ne nous trompent pas, sous des noms empruntés que l'auteur publiait les informes avortons, les œuvres inorganisées qui sortaient de ces enfantements précoces.

Ainsi, M. de Balzac a eu deux carrières d'écrivain : l'une d'écrivain dédaigné ; l'autre d'écrivain connu ; tranchons le mot, l'une de mauvais et l'autre de célèbre écrivain.

Ce n'est pas sans intention que nous présentons cette observation. Dans presque toutes les conceptions de l'auteur vous trouverez un type vrai et dessiné avec force ; c'est celui de l'homme qui n'a point pris sa place et qui lutte et contre lui-même et contre les autres, jusqu'à ce qu'il soit parvenu à s'y asseoir. Vous reconnaîtrez dans ce type, présenté sous toutes ses faces, le reflet d'émotions profondément ressenties par celui qui les peint. C'est un matelot qui, arrivé au port, a le cœur plein encore des viscissitudes de la mer, et les membres tout brisés des fatigues de l'océan.

Peut-être faudrait-il voir aussi dans cette circonstance de la vie de M. de Balzac l'origine de ce penchant de l'auteur à esquisser de préférence les mauvaises natures et les puissances du vice. Il y a de la rancune contre la société dans cet esprit qui a été longtemps à se frayer sa route. Il est plus enclin qu'un autre à croire que les mille portes de l'édifice où il est difficilement entré, sont fermées pour les puissants caractères et les intelligences élevées, et il se venge à sa manière en revêtant de grandeurs et de magnificences toutes les natures anti-sociales. Enfin, dans cette lutte longtemps stérile, dans ces efforts dont s'éloigna longtemps le succès, vous trouvez en partie l'explication de cet orgueil qui est le fond de la nature de M. de Balzac, et dont nous devons parler ici, parce que c'est la source principale de ses qualités et de ses défauts littéraires.

Nous avouons, pour notre part, que nous souffrons plus volontiers l'orgueil que la vanité. La vanité a quelque chose de petit et de chagrin qui choque et qui blesse. Il

est difficile de vivre en paix avec elle, car
c'est presque toujours une incrédule qui,
au fond, n'étant pas sûre de son propre
mérite, veut que vous en soyez convaincu,
et quelquefois que vous l'en convainquiez.
Quand on a affaire à la vanité, il faut avoir
sans cesse à la main son aumône de louange,
et cette mendiante insatiable ruinerait la
charité elle-même.

L'orgueil, au contraire, est sûr de son talent ; il est en possession de son mérite, il
croit à son génie. Il se passe volontiers de
vos éloges ; n'a-t-il pas les siens qui sont d'un
plus haut prix à ses yeux ? Pourvu que vous
les entendiez, — remarquez que nous ne
disons pas : pourvu que vous les écoutiez, —
pourvu que vous les entendiez, il est content de vous. Il est l'orateur de son propre
panégyrique ; vous n'en êtes que l'auditoire, et, quand vous savez bien votre métier
d'auditoire, quand vous possédez le secret
de ces hochements de tête intelligents, de

ces clignements d'yeux pleins d'à-propos, de ces interjections savantes ; quand vous battez bien la mesure de la louange, comme les chevaliers romains qui assistaient dans le cirque aux fantaisies musicales de l'empereur Néron, l'orgueil daigne quelquefois vous jeter la dernière des fleurs dont il a respiré le parfum jusqu'à l'asphyxie ; car l'orgueil est un bon prince, qui entend que tout le monde dîne lorsqu'il n'a plus faim.

Nous croyons avoir dit que M. de Balzac avait un prodigieux orgueil, mais de ces bonnes natures d'orgueil, si l'on peut s'exprimer ainsi, pleines de franchise et de rondeur, bien naïves et bien familières, qui se posent d'elles-mêmes sur leur piédestal, sans avoir besoin de l'aide de personne ; un orgueil à la Bussy-Rabutin, ce fier disgracié des lettres de madame de Sévigné, ou, si vous aimez mieux, un orgueil à la Victor Hugo, ce prince des poètes peut-être, mais à coup sûr ce roi des orgueilleux. Le dirons-nous on ne sait vraiment pas s'il faut en vouloir à M. de Balzac de ce défaut, qui, du reste, n'est chez lui, ni incommode, ni importun. Il a eu besoin de son orgueil comme d'un compagnon fidèle pour le soutenir pendant la première période de sa carrière littéraire.

C'était lui qui donnait à l'auteur inconnu les couronnes que le public lui refusait ; c'était lui qui le consolait lorsqu'il se repliait en lui-même pour demander au sentiment de sa supériorité un témoignage en sa faveur.

Peut-être dira-t-on que ce qui était excusable alors ne l'est plus aujourd'hui, et que lorsqu'on est grand seigneur de la littérature, il faut renoncer à être l'intendant de sa gloire. Sans doute il y a de la vérité dans cette observation ; mais il faut ajouter aussi, pour être juste en tout, que M. de Balzac a bien quelques motifs d'excuses.

D'abord, il est né dans un siècle où la modestie a presque cessé d'être une qualité pour devenir un défaut, et où l'on respire l'arrogance et la présomption dont l'atmosphère est toute chargée. Un grand exemple a perdu ce siècle, rempli d'immenses catastrophes et de prodigieux changements. Depuis qu'un petit sous-lieutenant d'artillerie est sorti des rangs pour aller s'asseoir sur le trône, une incroyable ivresse d'ambition s'est saisie de toutes les âmes.

Toute intelligence qui se sent quelque force et quelque pouvoir veut gagner son Austerlitz et bâtir sa colonne. Sylla voyait plus d'un Marius dans César ; il est peu d'hommes qui ne voient en eux-mêmes plus d'un Napoléon. Tous, tant que nous sommes, nous voyons percer dans le lointain de notre destinée un bout de sceptre et un pan de robe de pourpre. Les têtes encyclopédiques courent les rues. Dieu, cet inépuisable créateur des mondes, suffirait à peine à pourvoir ceux qui se croient capables de les gouverner. On ne rencontre que gens qui, sachant tout parce qu'ils n'ont rien appris, et également disposés à prodiguer impartialement leurs faveurs à tous les genres de gloire, gagneraient la bataille de Rocroy le matin, feraient *Athalie* en déjeunant, trouveraient toutes les découvertes de Newton dans leur après-midi, et improviseraient en dînant, si vous les en priiez bien, la politique du Cardinal de Richelieu ; bien heureux encore s'ils ne détrônaient pas Mozart et Haydn dans leurs moments perdus.

On comprend qu'au milieu de la contagion de tous ces amours-propres la pratique de la modestie soit assez difficile. Quelqu'un, étonné des prétentions de l'abbé Maury, lui disait un jour : « Mais, monsieur, vous vous estimez donc beaucoup ? » L'abbé Maury répondit : « Fort peu quand je me juge, beaucoup quand je me compare... » M. de Balzac serait le bien venu auprès de nous à donner cette réponse comme une explication satisfaisante de son orgueil.

Ajoutez à cela une autre plaie de notre

époque, ou, si l'on aime mieux, un vice de
notre littérature qui doit, nécessairement, ou
mettre les esprits élevés au désespoir, ou les
jeter dans le délire de cette satisfaction intime
que nous rencontrons chez presque tous les
écrivains remarquables de ce temps.

Comme le royaume des lettres est devenu
une espèce d'annexe de la Bourse, où il se
fait au moins autant de fortunes que de
renommées, il s'est formé dans la littérature
une assurance mutuelle, une compagnie
marchande composée de toutes les médio-
crités intellectuelles, savamment enrégi-
mentées contre les talents hors de ligne. C'est
la petite propriété de l'intelligence faisant
la guerre à la grande. C'est la lutte ouverte
entre la démocratie et l'aristocratie de l'esprit, cette première de toutes les aristocraties.
Le talent est un Montmorency dont le Tiers-
État du royaume des lettres ne peut tolérer
les titres magnifiques, et la stupide envie,
cette mère de toutes les révolutions, vient

aussi crier sous les fenêtres des puissances intellectuelles : « Guerre aux châteaux, paix aux chaumières. »

C'est tout à la fois imprudence et folie que de mépriser la bêtise. Il n'est rien que nous sachions de plus fort et de plus irrésistible. La bêtise n'a pas de tête ; mais elle a mille mains et mille pieds. Elle est agissante et envahissante. On la trouve sur toutes les avenues pour les ouvrir aux siens, et pour les fermer à ceux qui ne la reconnaissent pas comme maîtresse et comme souveraine. Elle appliqua plus d'une fois sa griffe insolente sur l'épaule du génie, et ce fut sans doute dans un de ces jours que M. de Chateaubriand, saisi d'une triste prévision, s'écria en hochant douloureusement la tête : « Voici que dans ce pays la bêtise devient une puissance ! »

Et, par malheur, la bêtise dont nous parlons n'est pas sans attraits aux yeux de certaines gens. C'est une bêtise polie et ornée,

si l'on peut s'exprimer ainsi ; c'est la médiocrité dorée du pays des lettres. Elle a ses
papiers en règle, une réputation d'honnêteté
bien établie. Jamais, au grand jamais, elle
n'oublia de balayer sa porte et de mettre,
aux jours voulus, les lampions officiels sur
sa croisée. On ne la trouva jamais en infraction avec les lois et ordonnances de la langue,
avec les prescriptions et injonctions de la
grammaire. Elle ne sait rien des inspirations
du talent, mais elle en possède admirable-
ment l'orthographe. A l'abri de ces avantages, elle fait une guerre terrible à toutes
les hautes capacités. Quant au motif qui
l'anime, elle ne l'avoue pas toujours, mais
elle le laisse percer quelquefois, et l'on va
voir que, s'il n'est pas bien noble, il annonce
du moins une parfaite entente des lois du
calcul.

Nous l'avons dit, nous sommes dans un
siècle éminemment industriel, dans un pays
où la gloire s'escompte. Si les écrivains

médiocres se coalisent contre les écrivains supérieurs, ce n'est point précisément parce que ceux-ci prennent une trop grosse part de renommée, mais parce qu'ils sont représentés au budget de la littérature par un gros chiffre. Ne s'est-il point trouvé des critiques pour reprocher à M. de Balzac les dorures de son salon, l'éclat de ses tentures ? Ces huissiers-priseurs de la littérature ne sont-ils pas allés inventorier ses glaces, ses tapis et ses bronzes ? Que sais-je ? N'ont-ils pas compté parmi les défauts de son style et les égarements de sa pensée, son carrosse, sa canne ornée d'un rubis et son valet de chambre !

Il arrive de là que les auteurs qui ont la conscience de leur talent, se raidissent contre l'association des hommes médiocres, s'habituent à mépriser la critique en elle-même, sans penser qu'ils ne devraient en mépriser que l'abus.

Ils ne la considèrent plus désormais que

comme une ennemie mortelle qu'il ne faut jamais écouter et qu'il faut toujours combattre. Pour échapper à ses atteintes, ils se réfugient dans leur orgueil, et leurs défauts deviennent incurables. Peut-être n'aurionsnous pas eu à adresser à M. de Balzac la moitié des censures que nous aurons à exprimer dans cette étude, si les attaques injustes et malveillantes dont il a été l'objet ne l'avaient point entraîné à fermer l'oreille à toutes les représentations, et à décerner lui-même l'apothéose à ses défauts devant ceux qui refusaient de reconnaître les précieuses qualités de son esprit? Son orgueil, qui lui était devenu nécessaire pour résister à ce déchaînement, lui a en même temps inspiré ces prétentions encyclopédiques qui, bien souvent, défigurent ses conceptions et enlaidissent son style, où elles introduisent je ne sais quelle phraséologie savante, assez semblable à un dôme lourd et pesant qui écraserait de sa masse de sveltes et gracieuses colonnes appartenant à l'ordre corinthien. Son orgueil, qui lui a donné une puissance de travail que peu de personnes possèdent, une énergie d'observation qui résiste à tous les ennuis, l'a porté en même temps à faire parade dans ses écrits, de connaissances qui fatiguent plutôt par leur confusion qu'elles ne frappent par leur profondeur. C'est ainsi qu'il a voulu dans le roman intitulé : *le Père Goriot*, placer l'analyse médicale à côté de l'analyse philosophique, se montrer médecin en même temps que philosophe et littérateur, et prendre, pour ainsi parler, sur le fait, les hoquets de la mort, afin de traduire en sons bizarres les derniers craquements d'une organisation qui se dissout, et les formidables bégaiements de l'agonie.

Tel est le vice capital de M. de Balzac. Il aspire toujours au cumul de plusieurs gloires. C'est un Pic de la Mirandole qui soutient, à propos de tous les sujets, la fameuse thèse *de omni re scibili*. Ses romans, pleins d'une observation si vraie et si vivante, il veut en faire des cathédrales ; ses phrases, souvent si expressives, il veut en faire des *iliades* ; ses héros, si énergiquement conçus, tournent trop au géant. Nous serions disposés à croire que sans se faire beaucoup prier il aurait parlé de guerre à Bonaparte, de géologie à Cuvier, de voyage à Lapeyrouse et de théologie à Bossuet. Esprit qui ne manque point de grandeur, mais de cette grandeur théâtrale, cachet particulier des hommes de ce siècle, qui semblent être plutôt les acteurs que les personnages de leurs rôles. Intelligence plus variée que complète, plus large que haute, mais où perce pourtant une rayon de cette naïveté qui n'appartient qu'aux esprits supérieurs.

On comprend maintenant pourquoi nous avons dit, au début de ces réflexions, que l'orgueil était la source principale des défauts comme des qualités de M. de Balzac, et pourquoi nous nous sommes élevé avec quel-

que chaleur contre ceux qui, faisant dégé-
nérer la liberté de la critique en licence et
son désintéressement en calcul, ont détruit
l'autorité salutaire qu'elle exerçait autrefois.
Ceux-là ont rendu en même temps un mauvais service à la critique et à la littérature.
Incapables eux-mêmes de produire, ils ont,
autant qu'il était en eux, fait avorter les
talents véritables de leurs œuvres. Race
immortelle des Thersite, sur l'épaule desquels
s'abaisse trop rarement le sceptre pesant
d'Ulysse, et qui devait trouver sa juste censure dans des considérations qui sont plutôt
un tableau général de l'état affligeant de la
littérature moderne, qu'un chapitre particulier consacré à un seul auteur. Plus tard,
nous examinerons de plus près le talent de
M. de Balzac. Nous le prendrons corps à corps,
nous analyserons sa poétique et nous l'appré-
cierons comme peintre de caractères, car nous
avons à cœur de justifier nos louanges comme
nos critiques, et de prouver que notre impar-

tialité s'exerçant avec une pleine liberté envers les vivants comme envers les morts, ne déporte point la vérité dans les nécrologies et ne réserve point sa franchise pour les tombeaux.

II

C'est chose difficile et grave que d'exposer
la poétique d'un écrivain, car cette poétique,
souvent il ne la connaît pas lui-même ; au
lieu d'être intelligente, elle est instinctive ;
on dirait un législateur qui ayant la loi des
douze tables dans la tête, agirait d'après des
principes qu'il ne pourrait formuler en code
ni graver sur l'airain. Lorsque Le Tasse eut
achevé sa *Jérusalem* sous l'inspiration de ce
merveilleux instinct de poésie qui lui servait
de guide, ne le vit-on pas imaginer une allégo-

rie bizarre, dans le cadre de laquelle il préten-
dit faire entrer bon gré mal gré son poème, à
peu près comme ce roi d'Espagne qui, ayant
demandé un tableau à un grand artiste, fit
mutiler le chef-d'œuvre afin de pouvoir renfermer la page écourtée dans le cadre qui
s'était trouvé trop étroit pour la recevoir[1]. Le
chantre de Jérusalem n'eut-il pas la malen-
contreuse idée de faire des héros de la Croi-
sade la personnification des vertus cardinales,
et des principaux chefs sarrasins celle des
sept péchés capitaux ? Armide ne fut plus que
la Concupiscence, Argan, l'Orgueil, tandis
que Renauld fut la Foi, Godefroi l'Espérance
et Tancrède la Charité. Il y a dans de pareilles allégories de quoi étouffer trois *Iliade*,
à plus forte raison une *Jérusalem délivrée*. Heureusement, le moule ne vint qu'après la statue.
Cette triste poétique, enfant posthume d'une

1. Nous croyons savoir que cet acte de barbarie s'exécute
journellement beaucoup plus près de nous, au musée de
Versailles.

(Note de l'auteur.)

imagination maladive, ne naquit qu'après le poème. L'aigle avait déployé ses ailes, et il n'était plus possible de le rappeler pour l'emprisonner dans l'étroit cachot que Torquato avait imaginé sans doute, afin que la merveilleuse fille de ses méditations ne fût pas plus libre que son père, et que la *Jérusalem* expirât enchaînée dans une cellule aussi étroite que celle où se mouraient les douleurs et le génie de son créateur.

Ceci nous est un avis de nous défier des poétiques des poètes. Or, malgré le méchant vers dont M. de Balzac s'accuse quelque part avec un courage si stoïque, après un laps de plus de vingt années, comme pour nous montrer la blancheur et la pureté d'une conscience littéraire sur laquelle les taches les plus légères de l'enfance demeurent, parce qu'elles n'ont point été effacées par d'autres taches, malgré ce méchant vers[1],

1. Cité dans *Louis Lambert*.

S. L.

nous tenons l'intelligence de M. de Balzac pour une intelligence pleine de poésie. Presque toujours, les poétiques de pareils esprits sont des poèmes. Au lieu de nous révéler les lois réelles d'après lesquelles ils composent, ils cèdent à la puissance de leur imagination et nous donnent la *République de Platon* pour leur code usuel.

Il faut donc surprendre le secret qu'ils nous taisent, démêler dans ce qu'ils nous disent ce qu'ils nous cachent, bien souvent faute de l'apercevoir; en un mot, recueillir ces indiscrétions involontaires, ces épanchements imprévus, éparpillés dans leurs ouvrages, et, par lesquels leur intelligence n'étant plus sur ses gardes et cessant de poser devant le public, s'est naïvement révélée.

On comprend que par la poétique d'un écrivain, nous n'entendons pas seulement un certain système qui le rattache à l'une des grandes écoles de la littérature, mais sa manière de concevoir l'art en général et le point

de vue sous lequel il envisage les questions
qui font depuis tant de siècles le désespoir
des hautes intelligences. La poétique d'un
auteur se compose de ses sentiments, de ses
idées, de ses opinions, car le monde qu'il
peint, les faits qu'il décrit, se teignent des
couleurs de cette merveilleuse palette qu'il
porte en lui-même. On a répété bien souvent
depuis Buffon : « Le style, c'est l'homme » ;
ceci est encore plus vrai de la poétique. Le
style n'est que le vêtement de la pensée, et
souvent, dans l'ordre intellectuel comme dans
l'ordre physique, en jugeant sur le vêtement,
on s'expose à bien des erreurs. Quelquefois
l'indigence de l'idée se cache sous l'opulence
du style, et, qu'on nous passe cette expression, les pensées qui vont en carrosse ne sont
pas toujours les plus hautes pensées. Mais la
poétique, c'est l'homme dans son ensemble,
l'homme avec ses lumières et ses obscu-
rités se mirant dans son ouvrage, comme
Dieu a jeté dans la création sortie de ses

mains un reflet de ses immortelles splendeurs.

Quelle est donc la poétique de M. de Balzac?
Nous allons essayer de la faire connaître.

Pour la découvrir, nous avons employé un
moyen simple comme la ligne droite, et qui
mène au but comme elle.

M. de Balzac, comme la plupart des auteurs
de ce siècle, fait profession de mépriser la
critique, et nous avons dit quelles raisons
justifieraient de sa part une pareille manière
de voir, s'il ne tombait dans l'excès en la
généralisant. Mais cependant, malgré leurs
mépris superbes, les dieux de la littérature
sont hommes; on a beau dédaigner les
piqûres, elles se sentent, et l'on s'en aperçoit
aux impatiences stoïques de certaines pré-
faces qui, du haut de leur piédestal semblent
crier : « O douleur! tu n'es pas un mal! »
Ce sont des occasions qu'il faut saisir, car
alors, la nature, prise au dépourvu, se laisse
voir dans toute sa naïveté. Une de ces occa-

sions nous servira de point de départ pour nous introduire dans la poétique de M. de Balzac, dont nous essaierons ensuite de pénétrer les détours et d'explorer les mystères dans ce qu'ils ont de plus intime et de plus secret.

Il s'agit d'une vive réponse adressée par l'auteur à une attaque, et, hâtons-nous de le dire, à une attaque injuste. On lui avait reproché d'avoir peint dans ses écrits des natures immorales, des caractères pétris avec la boue des vices, et particulièrement une des figures les plus audacieusement tracées que l'on rencontre dans ses nombreux ouvrages, nous voulons parler de cet effrayant logicien des bagnes, de ce docteur ès-crimes, en un mot de Vautrin. Certes, dans cette occasion, la justice avait manqué à la censure, à moins que ce ne fût l'intelligence. Si, parce qu'une nature est mauvaise, il est interdit à l'écrivain de la représenter, non seulement la littérature moderne devient impossible, mais la littérature ancienne doit être considérée comme bien coupable, car certes, personne, nous le supposons, n'entend plaider les vertus d'Atrée, la pureté de Phèdre ou l'innocence d'Athalie. Nous irons plus loin, Vautrin n'est que l'archange déchu de Milton, réduit à des proportions humaines, et dont on a coupé les ailes : c'est Satan sur lequel on a jeté un frac.

Mais quelque grande que soit la malveillance de la critique, la réponse de l'écrivain n'en est pas moins remarquable : « Apprenez, dit-il, que l'auteur ne discute nulle part en son nom ; il voit une chose et la décrit ; il trouve un sentiment, il le traduit ; il accepte les faits comme ils sont, les met en place, et suit son plan sans écouter des accusations qui se contredisent. »

Suivant nous, ce n'est point le tort que l'on reprochait à M. de Balzac qui prête à l'accusation, c'est son apologie même. Il vient de nous révéler le grand secret de sa poétique. Il n'est ni moraliste, ni philosophe, ni défenseur, ni antagoniste des idées sociales; il est peintre.

La société n'est à ses yeux qu'un immense paysage dont il reproduit les détails gracieux ou terribles, sauvages ou pacifiques, avec la magie féconde de son inépuisable pinceau. S'il voit un nuage au ciel, il peint un nuage; si le soleil lui apparaît couronné de ses splendeurs, il demande à sa palette les splendides magnificences de ce beau soleil. Tantôt il prend pour sujet de ses études le torrent aux ondes mugissantes, dont la grande voix semble un tonnerre porté sur les eaux; tantôt le fleuve au cours lent et régulier, qui coule mélodieusement entre deux rives tapissées de gazon et de fleurs. Aujourd'hui, il va peindre le chêne au tronc noirci et aux rameaux noueux; demain la modeste violette qui, honteuse de ses beautés, les cache sous l'herbe, comme pour dérober le mystère de ses parfums et le secret de ses couleurs.

Vous avez reconnu sous ces différentes
images les types variés que l'auteur a successivement décrits avec une impartialité qui
tient de l'indifférence; car tout devient une
étude pour ce paysagiste de la pensée, qui,
suivant ses propres expressions, « décrit toutes
les choses qu'il voit et traduit tous les sentiments qu'il trouve ». Mais aussi vous avez
compris le grand défaut de sa poétique, et
le caractère particulier qui le sépare des
esprits élevés du XVIIe siècle et des âges pré-
cédents. Il peint pour peindre, il décrit pour
décrire. Les mille routes dans lesquelles il
entre ne mènent à aucun but, et l'on pourrait
dire qu'il ne marche pas dans le royaume
de l'intelligence, mais qu'il s'y promène.
Vous voyez cette différence se dessiner dans
les conceptions de l'auteur rapprochées de
celles des beaux génies de la littérature autant qu'il est possible de comparer l'ombre
à la lumière. Quand Milton a montré dans
Satan la sombre puissance du mal, il en-

tr'ouvre les cieux, et l'écrase devant l'archange tout rayonnant des splendeurs d'en haut. Quand Racine a développé dans *Athalie* toute l'énergie d'une mauvaise nature, et, si l'on peut dire, toutes les majestés du crime, il abaisse cette reine orgueilleuse devant les vertueuses grandeurs et les saintes majestés du caractère de Joad. Rien de pareil dans l'auteur dont il s'agit. Peu lui importe que, dans ses conceptions, les vices de haute taille dépassent de toute la tête des vertus naines et rabougries. Pourvu que la couleur soit bonne, que les lignes soient bien accusées, il se croira irréprochable. Vous le verrez même s'arrêter de préférence devant ces natures sauvages et énergiques dans lesquelles perce un instinct de bête fauve ; et peut-être n'avons-nous pas le droit de lui adresser à ce sujet des reproches bien sévères, lorsqu'au moment où nous parlons, toute une assemblée de législateurs s'incline devant ce qu'on appelle : les belles parties du caractère d'un assassin [1]. Triste condition d'une société à la fibre molle et efféminée qui, n'en pouvant plus de lâcheté et de corruption, se prend à s'émerveiller devant un exploit vulgaire de grande route transporté dans une rue de Paris, et, s'étonnant de ce qu'une haine corse ait le courage et la science du meurtre, et, de ce qu'il se trouve des mains calleuses pour manier l'espingole, s'incline avec son impuissance de vertu devant la puissance du crime !

En composant sous l'inspiration d'une pareille poétique, M. de Balzac abdique la plus belle mission du talent, qui est d'agir sur ses semblables par les royales influences de la pensée. Dieu a donné à l'homme l'intelligence comme un sceptre. M. de Balzac en a fait un pinceau. D'où vient une pareille contradiction si étrange de la part d'un homme qui

---

1. Fieschi, dont le procès se plaidait au moment où paraissaient ces lignes.

S. L.

13

a toujours un peu traité la modestie comme la servante des autres qualités de l'esprit, et qui n'a jamais souffert qu'elle prît chez lui un ton de maîtresse? Comment, lui qui fait profession de préférer les lignes courbes aux lignes droites, préférence dont on s'aperçoit de temps à autre aux détours sinueux de sa pensée, cette lente promeneuse serpentant dans un sujet ouvert devant elle comme à travers une prairie, comment se fait-il que, sans passer à coup sûr par la modestie, M. de Balzac soit arrivé en une seule étape à l'humilité? C'est dans la solution de ce problème que nous trouverons les principes sur lesquels repose sa poétique, et qui en sont pour ainsi dire l'âme.

Ici nous devons avouer, à notre honte, que c'est une découverte récente que nous allons exposer, et que c'est un des derniers ouvrages de l'auteur qui nous a mis sur la voie de l'énigme dont nous cherchions depuis longtemps le mot. Avant *le Livre mys-*

tique, nous nous étions souvent demandé autour de quels principes gravitait l'intelligence de M. de Balzac, et la réponse était toujours restée obscure. Aujourd'hui, elle est devenue pour nous plus claire, et certes c'est le cas de dire que le rayon est sorti des ténèbres et la lumière de la nuit.

C'est un travail que de lire *le Livre mystique*, et les efforts d'intelligence que l'on est obligé de faire pour ne point se perdre dans cette étude abstraite et ardue, font comprendre toutes les lassitudes d'esprit, toutes les sueurs de pensées qu'elle a dû coûter à son auteur. Nous ne savons point si cette création conduira M. de Balzac à l'immortalité, mais nous le tenons pour une des meilleures têtes de l'époque, puisqu'elle ne l'a pas conduit aux Petites-Maisons. Certes, il faut avoir une énergie d'intelligence peu vulgaire pour résister à l'influence terrible de l'atmosphère de cette métaphysique abstruse, dans laquelle il s'est courageusement enfoncé.

Le Livre mystique est un livre écrit avec des précipices; c'est la cité des gouffres et la patrie des abîmes, et l'auteur semble y avoir rassemblé avec une curieuse sollicitude toutes les questions dévorantes dont l'intelligence humaine ose à peine interroger les formidables profondeurs.

L'esprit de ce livre et la base sur laquelle il se meut, c'est la doctrine de Swedenborg, au dire de ses disciples le plus grand des prophètes, et qui, aux yeux de ceux qui n'adoptent point sa doctrine, est un illuminé. Comme le hasard veut que nous soyons du petit nombre de personnes qui ont lu les écrits de cet étrange écrivain, et que, de plus, nous les avons entendu commenter par un de ses disciples, nous nous sommes trouvé dans des conditions plus favorables pour comprendre le livre de M. de Balzac. Quoique dix années se soient placées entre nous et nos souvenirs, nous nous rappelons encore l'automne passé dans un château voisin de Paris, et pendant lequel nous lûmes ces étonnantes conceptions, moins étonnantes peut-être que les commentaires qu'y joignait le fils d'un homme qui a laissé un nom célèbre dans la littérature. Cet esprit, plein de verve et d'originalité, jetant ses rêveries, comme une pluie de feu, sur le style enflammé du texte; ce visionnaire, expliquant des visions, frappa trop vivement notre imagination, dans un temps où notre jeunesse, à peine sortie de l'adolescence, avait cette fraîcheur d'impression et cette naïveté de sentiment qui s'altère plus tard, pour que nous puissions jamais l'oublier.

Faut-il le dire? nous n'avons retrouvé ni dans *Louis Lambert*, ni dans *Séraphita*, les deux principaux chapitres de l'œuvre de M. de Balzac, des émotions semblables à celles que nous éprouvions à cette époque, lorsque le soir, dans les longues allées d'un parc, nous entendions, à la clarté douteuse

de la lune, le merveilleux commentateur de
Swedenborg, racontant des choses auprès
desquelles les créations des *Mille et une Nuits*
pâlissaient comme des lueurs incertaines,
épancher les trésors de son style où frémis-
saient les ailes de myriades d'anges, tandis
qu'au-dessus de nos têtes on entendait quelques notes perdues des concerts de la journée, au milieu du feuillage frissonnant
parfois sous le souffle de la brise ou sous
l'aile de quelque oiseau voyageur, qui venait
chercher un asile pour la nuit.

Mais nous n'avons l'intention d'analyser
ici ni le système de Swedenborg, ni même
le livre de M. de Balzac, mélange singulier
de remarquables beautés et d'étranges
erreurs, de créations douces et suaves et de
conceptions informes qui touchent au ridicule, d'un style riche de poésie et d'un style
hérissé des ronces et des épines du sauvage
jargon de l'école, ici plein des doux mur-
mures d'une âme qui soupire en extase, là

retentissant des bruits rauques et barbares d'une phraséologie en démence ; une de ces œuvres enfin où règne la confusion du chaos, mais une de ces œuvres aussi dont la médiocrité ne saurait pas plus atteindre les défauts hors de ligne que les rares qualités.

Ce sont les principes qui dominent la poétique de M. de Balzac que nous avons cherchés dans *le Livre mystique*, et, comme toutes les grandes questions de la métaphysique viennent se heurter tour à tour sur ce champ de bataille, nous n'avons pas eu de peine à découvrir ce que nous cherchions. A travers les méditations de l'enfance un peu trop précoce de Louis Lambert, ce Platon en jaquette, et ses lettres de jeune homme si éloquentes de pensée et de style, dans les descriptions si pittoresques du voyage aérien de Séraphitus sur les sommets escarpés de Falberg, et dans les harangues si cruellement dogmatiques de Séraphita, qui semble trop souvent soutenir sa *sorbo-*

nique devant le lecteur, nous avons trouvé l'empreinte de la même vérité. C'est que l'esprit de l'auteur est ouvert à tous les systèmes, à tous les principes, à toutes les croyances. Il se passionne successivement pour les extrêmes; voulant faire une encyclopédie de son intelligence, il a commencé par faire un Panthéon de son cœur.

Cet abbé de Saint-Pierre des régions intellectuelles n'essaie-t-il pas, dans le courant de son ouvrage, d'établir la paix universelle entre l'athéisme et la religion, entre le spiritualisme et le matérialisme, ces deux irréconciliables rivaux? Ne veut-il pas tantôt matérialiser l'esprit, tantôt spiritualiser la matière, à l'aide d'un système et d'un style dont le souvenir seul nous fait éprouver, dans toute la région cérébrale, des craquements de mauvais augure? N'est-il pas tantôt chrétien fervent, tantôt esprit fort, c'est-à-dire esprit faible? Ne représente-t-il pas la pensée comme une sécrétion, nous allions dire comme une ordure du cerveau? Puis ne se jette-t-il point, sur les pas de Swedenborg, dans les nuages éthérés du mysticisme le plus raffiné et le plus incompréhensible?

Incroyable puissance d'une imagination qui se plie à tout, mais aussi incroyable impuissance d'un jugement qui ne domine rien! Tel est le sort de la plupart des intelligences élevées de notre siècle, ce tard venu de l'histoire. Ces têtes qui se croient si fortes ne sont que des grands chemins où tout passe. Ces mers aux eaux vastes et profondes sont livrées aux quatre vents du ciel. Ce n'est plus l'esprit qui embrasse les idées, ce sont les idées qui, comme des courants impétueux, emportent l'esprit. Qui ne serait saisi d'un profond sentiment de pitié à la vue de cette immense faiblesse, jointe à tant d'arrogance et à tant de présomption?

Ne demandez plus maintenant la raison de cette poétique de M. de Balzac, qui, tout à l'heure, vous a tant étonné. Ce panthéisme intellectuel vous l'explique. Comment voulez-vous qu'il ait un but dans ses écrits, quand son esprit nage dans la confusion de tous les principes opposés? Il peint tout, parce qu'il croit à tout, ou plutôt il n'a que des couleurs dans son esprit, et il n'y trouve pas de croyances. Au lieu de jeter sur l'univers, du haut d'un principe, un de ces regards d'aigle qui embrassent l'étendue, il est misérablement emporté par les vagues qui lui paraissent aussi élevées que des montagnes, et qui, formant autour de lui un horizon menteur, arrêtent de tous côtés sa vue. Pauvre intelligence tombée qui se souvient quelquefois des cieux! Esprit flottant au gré des flots, qui peint les écueils devant lesquels il passe, et qui finit par tirer vanité de la multiplicité de ses égarements et de la variété de ses naufrages!

III

Ce n'est point sans nous faire violence que
nous avons présenté, dans les deux premières
parties de cette étude, des réflexions sévères
sur M. de Balzac ; le talent véritable est chose
si rare dans ce siècle, qu'il nous est plus
pénible que nous ne saurions le dire, de le
choisir pour objet de nos censures ; mais il
nous a semblé que l'auteur dont il s'agit,
dénigré par les uns, flatté par les autres,
n'avait été jugé par personne, et nous avons
cru utile d'entreprendre un examen impar-

tial de ses qualités et de ses défauts; en nous tenant également en garde et contre la malveillance de ses adversaires, et, chose plus difficile, contre nos propres sympathies. Dès lors, nous devions oublier, autant qu'il était en nous, que M. de Balzac était notre contemporain.

C'est donc du sein des clartés du xviie siècle que nous avons aperçu ses ombres. C'est des hauteurs d'une époque où toutes les saines doctrines étaient vivantes, où tous les grands principes étaient debout, que nous avons signalé les continuelles variations de cette intelligence livrée au flux et au reflux de ses idées et à l'incroyable instabilité de ses principes. Notre tâche va devenir tout à la fois plus douce et plus facile. Après avoir analysé dans M. de Balzac l'homme avec les bonnes et mauvaises conditions de sa nature intellectuelle, le philosophe avec ses systèmes et ses idées, nous devons apprécier l'artiste, le peintre ; c'est dire que nous allons aborder une partie que nous trouverons, Dieu merci, presque stérile en censures et singulièrement féconde en louanges.

M. de Balzac est un peintre inimitable. C'est là le principal secret de son talent et de l'intérêt qui s'attache à toutes ses compositions. Quand il décrit une maison, vous y êtes ; vous entrez dans la salle où sont assis ses personnages, vous vous chauffez à leur foyer, vous entendez le son de leurs voix en même temps que leurs discours. C'est que rien ne lui a échappé, ni l'ensemble, ni ces détails, ces nuances imperceptibles que vous ne remarquez peut-être pas, mais dont la réunion agit sur vous à votre insu et constitue ce qu'on pourrait appeler l'individualité d'une maison, la physionomie d'un appartement, la personnalité d'une de ses pièces. Vous reconnaîtriez entre mille la maison que M. de Balzac a dépeinte ; sans avoir besoin de lever la tête pour lire le numéro, vous iriez droit à la porte et vous frapperiez en disant : « C'est là ». C'est ici la pension bourgeoise de madame Vauquer ; cette maison, c'est celle de M. Grandet, l'avare ; ce salon c'est celui de madame de Beauséant. Soyez sûr que l'auteur n'a oublié ni dans le salon une dorure, un de ces gracieux colifichets, une de ces superfluités de la mode, d'autant plus nécessaires qu'elles sont inutiles, ni, dans la salle enfumée de la pension bourgeoise, une toile d'araignée au plafond, sur la cheminée un buste de M. de Voltaire en terre cuite, et, sur la boiserie, vénérable de vétusté, une de ces longues taches humides qui annoncent que la muraille saturée de salpêtre a transpiré à travers le bois à demi pourri par les ans.

L'auteur dit quelque part, à la louange d'un peintre célèbre, que la magie de son pinceau donne la vie aux objets inanimés, et qu'il dépend de lui de vous faire frémir à la vue d'un balai et de vous faire comprendre, à l'aspect de ses brins en désordre,

hérissés et comme dégouttants d'une sueur
horrible, qu'il vient d'être l'instrument du
crime, et que, dans les mains d'une femme
Bancal, il a servi à balayer le sang. L'éloge
que décerne ici M. de Balzac, il le mérite.
Tout prend une âme, une vie sous le pinceau
de ce grand artiste. La maison de M. Grandet est avare comme son maître. Les mœurs,
les habitudes, l'esprit, le caractère de l'hôte
de céans sont venus s'empreindre sur les
murailles et se dessiner dans l'ameuble-
ment. L'atmosphère elle-même est chargée
de lésine. Partout règne cette propreté ri-
goureuse et méthodique qui fait la guerre à
la saleté comme à une dépense; car la saleté
use et détériore, et presque tous les avares
sont propres, parce que la propreté est une
économie. C'est chose étonnante que la fi-
nesse d'aperçus que M. de Balzac déploie dans
de pareilles peintures, chose plus étonnante
encore que la délicatesse de ses lignes et la
vérité de ses couleurs. Et qu'on ne l'accuse

point d'outrepasser la réalité en donnant ainsi une physionomie aux objets inanimés, en communiquant la vie au marbre, au bois, à la pierre. Pour qui sait observer, chacune de ces choses matérielles est le mot d'une pensée, et chacun de ces détails présente une signification à ceux qui ont appris à lire la langue mystérieuse des révélations intimes. Quant à nous, nous comprenons fort bien les Anglais qui ne permettent point à leurs parents les plus proches l'entrée de leur chambre à coucher. Une chambre à coucher est toujours une indiscrétion.

Il nous est resté dans la mémoire un exemple frappant qui vient à l'appui de l'opinion de M. de Balzac sur les rapports qui existent entre l'habitation et l'habitant, et sur cette espèce d'action que l'homme exerce même à son insu sur tout ce qui l'entoure. Nous avions visité dans notre enfance un manoir appartenant à une personne pleine des grâces de l'ancienne société française, mais aimant à vivre d'une vie extérieure, toute à tous ; se plaisant au mouvement, à une succession rapide d'émotions ; un de ces cœurs ouverts et bienveillants où tout entre, une de ces têtes où l'imagination, cette Thèbes aux cent portes, accueille et laisse sortir à l'aventure les bataillons innombrables des idées. Eh bien ! le manoir était fait à l'image de la châtelaine ; tout était à jour dans cette demeure transparente : la façade ne se composait que de portes, et de quelque côté qu'on se présentât, c'était l'entrée. Plusieurs années après, nous revîmes la même habitation, qui était passée dans d'autres mains ; les nouveaux propriétaires l'avaient fait réparer à leur manière ; c'étaient des gens de vie intérieure, craignant le monde, aimant la retraite, se plaisant dans la solitude et se tenant en garde contre les nouveaux visages. En approchant du manoir, il nous sembla embelli, mais attristé ; il ne manquait qu'une chose à la façade, c'était une porte ; la maison n'avait plus d'entrée !

La comparaison de l'état ancien de cette demeure avec son nouvel état nous remit en tête les peintures de M. de Balzac. La maison, qui naguère semblait tendre les bras aux passants et aller étourdiment au-devant d'eux sur la route, s'était comme retirée en elle-même et avait pris un aspect dont la sévérité laissait percer une teinte légère de méfiance. Le caravansérail était devenu un couvent.

Cette perfection de lignes et de couleurs que M. de Balzac déploie dans la description des lieux, il la conserve au même degré quand il s'agit de peindre la physionomie humaine. Notre visage est un livre sur lequel notre âme écrit, et si les émotions du moment sont effacées par celles qui les suivent, les grands caractères qui constituent notre individualité restent ineffaçables sous

ces écritures passagères qui ne font que glisser sur notre physionomie. Nous savons
qu'il y a des visages qui sont des masques;
mais, Dieu merci pour l'espèce humaine, ces
visages sont rares. Ces hypocrisies vivantes
qui, osant faire violence à la volonté de
Dieu, mettent une perfidie sur chacun de
leurs traits et font mentir chacune de leurs
rides, ces hypocrisies sont des monstres, non
seulement par la profonde corruption
qu'elles dénoncent, mais heureusement encore par le petit nombre d'exemples qu'on
peut en citer. M. de Balzac, nous l'avons dit,
excelle dans la peinture de la physionomie
humaine. Il répand l'âme de ses personnages sur leurs visages. Il ne vous raconte
pas leurs goûts, leurs passions, leurs habitudes, leurs préjugés; il vous les montre.
Ce sont des portraits, mais des portraits qui
se détachent de la toile, marchent, vivent et
respirent. Le seul tort qu'on puisse lui reprocher au sujet de ses portraits de pre-

sonnes comme au sujet de ses descriptions de lieux, c'est que les uns comme les autres sont trop minutieusement fidèles. Ce tort, nous en avons expliqué la cause à l'avance ; c'est le résultat inévitable de la poétique de l'auteur. Quand on ne peint que pour peindre, on doit naturellement attacher une importance excessive à la ressemblance, et cela servira de réponse à ceux qui demandent pourquoi M. de Balzac, l'auteur des heureux commencements, est aussi l'auteur des dénouements brusques et malheureux. Lorsqu'il a montré ce qu'il avait à faire voir, la pièce est finie, la toile baisse et il emmène tant bien que mal ses acteurs qui n'ont plus rien à faire sur la scène. Mais cela n'ôte rien au mérite rare et au fini de l'exécution des portraits de l'auteur. En vérité, si nous avions le malheur d'être gouvernement, nous voudrions que M. de Balzac fît le signalement de tous les conspirateurs de nos États ; nous nous croirions dès lors en sû-

reté, bien sûrs que partout où ils se présenteraient, ils seraient dénoncés par leur physionomie.

On comprend que si les talents descri-
ptifs de l'écrivain qui est l'objet de cette
étude s'arrêtaient à ces superficies, nous
aurions été à son égard plus sobre de
louanges ; mais ce regard si pénétrant devait
aussi sonder les profondeurs du cœur humain, et c'est comme peintre de mœurs et
de caractères que M. de Balzac s'est marqué
une haute et belle place dans la littérature.

Nous avons dit quelque chose de la nature
triviale, mais puissante, qu'il a si énergiquement décrite dans la personne de Vautrin.
Vautrin est un des types de la société moderne. C'est une âme de boue guidée par une
intelligence de feu et servie par un bras de
fer. On rencontre aux deux extrémités de
notre société la profonde immoralité qui est
le fonds de cette nature. Il y a au faîte de
l'échelle sociale des Vautrins grands sei-

gneurs, qui, dans la sécurité de leurs vices tout-puissants, croient la société faite pour eux et l'exploitent. Il y a au bas de l'échelle sociale des Vautrins populaires, qui, voyant que la société est faite contre eux et cherchant une issue pour leurs passions, l'ensanglantent et la brisent. Les derniers sont plus coupables que les premiers aux yeux des hommes, mais en est-il de même devant le tribunal de Dieu?

Ce Vautrin est une des figures que M. de Balzac a dessinées avec le plus de profondeur. Il n'avait point à craindre, dans ce sujet, l'inconvénient qu'il a rencontré souvent dans la peinture d'autres caractères: celui d'exagérer leur puissance. En général, c'est le défaut d'un grand nombre des héros de ses livres; ils y sont assis à la manière de cette statue de Jupiter qui n'aurait pu se lever sans heurter du front les voûtes de son temple. Nous appliquerons particulièrement cette remarque aux *Treize* ou aux *Dévorants*, à qui l'auteur prête des aventures si singulières; sorte de corporation mi-Faublas, mi-Don Juan, qui fait de compte à demi l'adultère et le crime, ou, si l'on aime mieux, espèce de chevalerie du vice, dont tous les membres se doivent aide et assistance contre la vertu. Le moindre défaut de cette bizarre conception de l'auteur, c'est d'être un anachronisme.

Les Dévorants datent de la Régence ou tout au moins de la jeunesse de Laclos. Alors on dépensait de l'intelligence et quelquefois du génie contre les femmes, et l'on mettait dans une noirceur une énergie et une suite dont on n'a plus aujourd'hui l'idée. De notre temps les mœurs ne sont pas beaucoup meilleures, mais elles sont plus plates. L'amour en est à la prose; l'énergie, l'intelligence, l'activité sont employées ailleurs. Il faut aux roués politiques des nations pour maîtresses et pour dupes, et quelque jour, l'on apprendra que cette folle de comtesse de Lignolles qu'on appelle la France s'est portée à un coup de désespoir, victime de ceux qui l'avaient séduite.

Mais si **M**. de Balzac s'est quelquefois laissé aller à cet instinct secret qui le pousse à ajouter quelques coudées à la taille de ses personnages, que d'occasions en revanche où il a pris notre société sur le fait et où il a fait toucher du doigt ses plaies ! Comme les jeunes hommes qu'il peint pauvres et avides de jouissances, dévorant des yeux ce monde qui s'ouvre devant eux, comme ce sont bien les jeunes hommes de notre siècle ! Qui n'a pas rencontré sur sa route Rastignac ou le héros de *la Peau de chagrin ?* La voilà, notre société, cette mendiante orgueilleuse qui cache sous ses haillons l'or et la pourpre de ses espérances, tourmentée d'immenses désirs dans son immense pauvreté, ne se contentant de rien, parce qu'on lui a dit qu'elle pouvait aspirer à tout, et après bien des efforts n'arrivant à rien ! Voilà cette génération, qui a le néant dans sa bourse, *les Mille et une Nuits* dans

la tête et un volcan dans le cœur! Reconnais-
sez-vous ces fières indigences qui souffrent la
faim le sourire sur les lèvres, qui consacrent
au superflu ce qu'elles économisent sur le
nécessaire, et qui mettent trois jours de leurs
revenus dans un bouquet?

C'est toute cette génération d'écrivains
pour lesquels il n'y a pas de lecteurs, d'avocats
pour lesquels il n'y a pas de clients, de mé-
decins à qui les maladies manquent; crime
horrible, crime inexpiable des sociétés mo-
dernes, qui, en donnant des lumières, donnent
des désirs qu'elles ne sauraient satisfaire, et
élèvent ainsi, ou pour le glaive du bourreau
ou pour la mitraille des guerres civiles, cette
jeunesse que ce grand consommateur de peu-
ples qu'on appelait Napoléon, dépensait au
moins sur les champs de bataille, et dont il se
faisait escompter le sang par la victoire!

Dans cette foule de caractères que M. de
Balzac a empruntés à notre société moderne,
il en est un qui nous a vivement frappé.

Nous ne voulons point parler de celui du père Goriot, exagéré sans doute dans ses détails, mais si vrai dans sa conception ! Nous laisserons de côté le bon vermicellier, dont l'affection pour ses filles a toute la profondeur de l'amour paternel, et, osons le dire, quelque chose de l'humilité de l'amour du chien pour son maître ; pauvre créature qui a mis sa fierté comme sa joie dans les enfants de sa tendresse ; qui toutes les fois qu'il s'agit d'elle-même, est soumise, triste, pacifique, résignée, mais qui se réjouit, qui s'enorgueillit, qui s'exalte dans ses enfants ; malheureux père qui s'est fait des divinités de ses filles et dont les divinités sont des idoles ! Nous laissons également de côté le tableau qui a pour titre *les Célibataires* et qui, sans une ombre des doctrines du XVIIIe siècle qui vient se projeter sur ses couleurs, d'ailleurs si vives, et sur ses lignes si bien accusées, rappellerait la manière large et franche de Molière. Aussi bien, en entreprenant la peinture du caractère auquel nous faisons allusion, c'est un duel bien plus direct que M. de Balzac a essayé de soutenir contre l'immortel auteur d'Harpagon. On voit qu'il s'agit du père d'Eugénie Grandet, de l'Avare.

Cette fois, la singulière audace avec laquelle M. de Balzac est allé prendre le type vieilli de l'avare du XVIIe siècle pour tenter de le rajeunir, cette audace ne nous a point déplu. Certes, l'entreprise était aventureuse, mais elle offrait des chances de succès. Le temps, qui change tout, change aussi la physionomie des vices ; et si les âmes souillées des ordures de l'avarice, pour parler la langue de Bossuet, sont toujours dignes du même blâme, les circonstances dans lesquelles elles exercent leur honteuse passion, le monde qui les entoure, la société dans le sein de laquelle elles s'agitent, tout varie autour d'elles, et il est impossible qu'elles ne se ressentent pas de ces continuels changements.

On a fait, au sujet du caractère d'Harpagon, rapproché de celui de Grandet, une
remarque juste : « Voyez, a-t-on dit. combien le tableau de Molière offre une moralité
plus haute et plus profonde ! Il a su rendre
l'avare tellement odieux que des traitements
qui révolteraient s'ils s'adressaient à un
autre, paraissent naturels et justes dès qu'il
en est victime. On lui vole son bien, on lui
enlève sa fille, il est roué de coups par ses
valets, insulté par son fils, trompé par la
digne sœur de ce jeune libertin, et tout le
monde est content du mal qui lui arrive.
Grandet, au contraire, inspire je ne sais
quel respect, sa passion a quelque chose de
puissant qui captive, son caractère quelque
chose d'énergique et de fort qui impose.
Contre toutes les règles de la morale, on
s'intéresse à l'avare. »

Il y a de la vérité dans ce parallèle, mais
nous avons bien peur que le reproche qu'on
adresse à M. de Balzac n'ait été à plus juste

titre encouru par la société moderne. La différence que vous signalez entre les deux avares, c'est entre les deux époques qu'elle existe. Harpagon est l'avare d'une société où l'argent n'est qu'une puissance secondaire; l'honneur est encore le nerf de la monarchie; la noblesse passe avant la finance, et il y a des parchemins qui pèsent plus que l'or. Harpagon est donc un misérable, qui aime l'argent d'un amour aveugle; c'est une organisation sans puissance qui s'épanouit au son des écus. Sa passion n'a pas plus de but que de règle; cette nature brutale et passive se rue à la richesse comme à son unique pôle; or, dans cette société où il y a des idées fières, des croyances élevées, il doit inévitablement arriver que tous ceux qui n'ont pas de motif de haïr Harpagon le méprisent.

Comment mépriserait-on Grandet, au contraire, cet avare d'une société où l'argent est la première de toutes les puissances? Il aime l'or; mais n'est-ce point prévoyance et sagesse dans un siècle qui se vendrait s'il trouvait un acheteur ? Quand la richesse est devenue la seule et unique aristocratie, le seul et unique titre, quand l'esprit militaire c'est la solde, quand le trône c'est le budget, comment voulez-vous qu'on méprise la richesse ? Grandet ne sera donc pas méprisé. Il régnera dans sa famille ; vénéré par sa femme, respecté par sa fille, envié par ses voisins, craint et aimé par sa servante, qui sera la complice de son vice au lieu d'en être l'ennemie. Tout cela est justice. Grandet n'est pas comme Harpagon, un avare aveugle et inintelligent, qui se passionne pour un objet secondaire. Depuis que l'or est la puissance, l'avarice est presque de l'ambition, et Grandet, avare plein de sens et de logique, dépasse Harpagon de toute la tête quand il compte ses innombrables écus, avec lesquels il remuerait un royaume et défraierait une révolution. Il y a du génie sur ce front d'avare qui sait faire mouvoir des masses de numéraire et exprimer tout le suc d'une province. Grandet est à sa manière une espèce de conquérant. On peut le craindre, mais on ne peut s'empêcher de lui accorder ce sentiment de respect involontaire que commande la puissance, et, au milieu de toutes ces cupidités viles et inertes qui se remuent à ses pieds, l'avare du XIXe siècle semble un Montmorency entouré de ses vassaux.

Ce parallèle terminera, quant à présent, nos réflexions sur M. de Balzac. Plus tard nous compléterons ces aperçus par une dernière étude consacrée à l'apprécier comme peintre du cœur de la femme; mais nous sentons le besoin de laisser quelque intervalle entre ce nouveau travail et l'examen que nous venons d'achever. Le propre de la littérature moderne est de lasser bientôt ceux qui veulent l'approfondir; c'est une rade ouverte à toutes les tempêtes, où les intelligences ne peuvent trouver qu'un abri précaire et une sécurité douteuse; il faut rentrer dans les eaux du XVIIe siècle quand on cherche le repos et la sérénité !

FIN

TABLE

———

———